JN055749

在宅勤務や賃金・雇用調整と

助成金活用
Q&A

布施 直春・著

経営書院

はじめに―本書の要点を解説

1 テレワーク（在宅勤務等）の実施について
　1）会社は、従業員（雇用労働者）については、その雇用を継続したままで、働き方を「在宅勤務」に変えることができます。
　2）在宅勤務に従事している従業員については、通勤勤務している従業員と同様に、労働基準法、最低賃金法などの労働法が引き続き適用されます。
　3）実労働時間の算定については、その把握が困難な場合などにおいては、労働基準法の「みなし労働時間制」が適用されます。
　　　つまり、会社の定める就業規則と労使協定で、「在宅勤務する社員については、1日に8時間勤務したものとみなす」と定め、労働基準監督署に届け出ておけば、例え、1日9時間や7時間働いた日があったとしても「8時間働いた」として給与等を取り扱ってさしつかえないということです。
　4）また、会社を解雇され、または退職した人であれば、会社は、個人事業主として業務委託契約を結び、「在宅就業」の形で働いてもらうことができます。
　　　この場合には、労働基準法、最低賃金法など労働法の規制は、いっさいありません。会社と個人事業主との業務委託契約書の記載内容で報酬などがきまります。

2 賃金カット、雇用調整等の実施について
　従業員から書面による同意を得ておけばこれらは適法に実施できます。
　その従業員の氏名、実施年月日、実施の内容、署名・押印等の記載されている同意書をとっておいてください。

3　関係書類の整備、記録が不可欠なことについて

　雇用調整助成金などの助成金の申請、税金の軽減申請、上記1・2に伴うトラブルの防止・訴訟、労働基準監督署対応等々…、いずれも関係書類、記録がなければはじまりません。

　経営者、管理監督者、社員、それぞれが、その時々に必要な関係書類、記録を作成しておいてください。

4　最新取扱情報を担当労働行政機関に確認することについて

　本書で解説した関係法令・制度・対策の運用・取扱いの変更が、今後、たびたび行われると思われます。

　それぞれの担当機関ごとに、そのホームページの記載内容、電話等で、最新の状況を確認したうえで、対応してください。

　本書が、読者の皆様のお役に立つことを念願いたします。

令和2年6月

　　　　　　　　　　　　　瑞宝小綬章受章
　　　　　　　　　　　　　（平成28年11月3日）
　　　　　　　　　　元厚生労働省長野、沖縄労働基準局長
　　　　　　　　　　　　　　　　布施直春

目　次

第1章

テレワーク（在宅勤務・在宅就業等）の導入のしかた

1 ホームワーク、テレワーク

Q₁ ホームワークとは

A パソコンなどの利用により自宅で仕事をして、報酬を得る働き方全般のことです。

1 ホームワークの種類は

ホームワークには、次の２つがあります。

  Ⓐ在宅勤務：労働契約により雇用労働者として勤務し、労働基準法等の労働関係法令と社会・労働保険法令が適用されるもの

  Ⓑ在宅就業：業務委託・請負等の契約で働き、労働基準法等の労働関係法令と社会・労働保険法令が適用されないもの

2 ホームワーカーは３種類

ホームワーカー（ホームワーク従事者：自宅等で仕事をする人全般）は、どのような法律が適用されるかにより、**図表１**のように３つに分かれます。

まず、「Ⓐ雇用契約（労働契約）で働く会社員で、労働基準法等が適用される人」「Ⓑ請負・委託等の契約で働き、労基法が適用されない人」と、の２つに大きく分かれます。

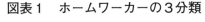

図表1　ホームワーカーの3分類

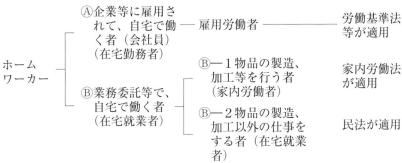

そして、Bのうち「物の製造、加工等を行う者」は「家内労働者」と呼ばれ、家内労働法が適用されます。

3　ホームワーカーに適用される具体的な法律は

図表2のとおりです。

図表2　ホームワーカー（自宅等で仕事をする人全般）に適用される法律

分類	判断基準	適用される法律
① 「雇用労働者（在宅勤務社員）」である場合	労働契約、請負契約といった形式的な契約の名称、形態は関係なく、労働者性（使用従属性）の有無等で判断される	労働基準法、労働契約法、最低賃金法、労働安全衛生法、労災保険法、雇用保険法、健康保険法、厚生年金保険法等
② 「家内労働者」である場合（在宅就業者の一部）	家内労働法の「委託を受けて、物品の製造、加工を行う者」に該当するか否かで判断される	家内労働法（注）、民法（請負、準委任等に関する規定）、国民健康保険法、国民年金法
③ ①、②に該当しない場合（在宅の委託業務就業者：個人事業主等）	上記①、②の各判断基準に該当しない者	民法（同上）、国民健康保険法、国民年金法

（注）業務を委託する会社等から家内労働者に対して、家内労働手帳の交付、手帳への契約内容・就業状況の記載等が義務づけられている。

テレワークとは

A ②テレワークとは、情報通信ネットワークを利用して働き、勤務場所が会社に限定されない働き方全般のことです。

1　テレワークとは

　テレワークというのは、情報通信ネットワークを活用して、時間と場所に制約されることなく、自宅、サテライトオフィス（出先の小事務所）、その他で、いつでも、どこでも仕事ができる働き方全般のことです。

2　テレワークの種類は

　テレワークは、ホームワークを含み、ホームワークよりも広い働き方全般をいいます。テレワークは、企業等との雇用関係の有無、労基法の規制の有無等により、**図表3**のように2つに分類されます。

図表3　テレワークの種類

契約の種類	働き方
Ⓐ労働契約（労働基準法等が適用される労働者）	①在宅勤務 ②サテライトオフィス勤務 ③リゾートオフィス勤務 ④直行直帰勤務 ⑤モバイルワーク（働く場所を固定しないもの）など
Ⓑ業務委託、請負等の契約	SOHO〔スモールオフィス・ホームオフィス＝在宅就業等〕

２　従業員の在宅勤務等

Q_3　在宅勤務制度とは

A　従業員（雇用労働者）が自宅等で勤務することです。

1　在宅勤務制度とは

　この制度は、社員を在宅勤務させるものです。在宅勤務というのは、社員が勤務日の一部または多くについて会社への出勤を免じられ、主に自宅で勤務する制度をいいます。

　ここでいう在宅勤務の従事者は、労働基準法等の労働関係法令と社会・労働保険法令が適用される「雇用労働者」であり、業務委託就業者、家内労働者、内職従事者、請負就労者は含まれません。

2　在宅勤務制度のメリットは

　在宅勤務制度のメリットとして、会社にとっては、①感染症予防対策になる、②高齢者、妊産婦、育児・介護をしている者、障害者、長距離通勤者等を社員として活用できる、③その社員の占有スペース（机など）を用意しなくてもよい、④出社にかかる費用（通勤手当ほか）も軽減できる、などのメリットがあります。

　社員にとっては、毎日通勤しなくてもよく、自宅で自分のペースで仕事ができること、仕事と育児・介護などを両立できることなどが挙

げられます。

　在宅勤務は、最近、ワーク・ライフ・バランス、つまり仕事と生活との調和という観点から注目されています。

 Q4 自社は、どのような在宅勤務制を導入するか

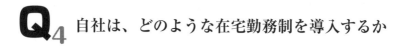

A 3つのタイプの中から選びます。

　自社に在宅勤務制を導入する場合には、主に**図表4**のタイプ（実施形態）が考えられます。自社の従業員の担当業務、従業員個々人の事情等にあわせたタイプを導入してください。

図表4　在宅勤務の3タイプ

実施形態	対象従業員
1　**出勤勤務中心型** 勤務日は、原則として会社に出勤して勤務する。1週間のうち1日、2日あるいは1か月のうち5日までといったように勤務日数を決めて、その範囲内で、社員が希望する日については、自宅等で勤務することを認める。	一般社員のうち通勤距離の長い者、高年齢者など
2　**みなし労働時間制適用型** 労働基準法のみなし労働時間制（専門業務型または事業場外労働型）を実施するのに合わせて、一定日数については、社員の出勤を免じ、自宅等で勤務できるようにする。 みなし労働時間制は、会社側が実労働時間の把握が困難な場合に適用される。社員から会社側への報告等により実労働時間が把握できる場合には、適用されない。	研究員、営業マン、調査員など
3　**自宅勤務中心型** 社員は、主として自宅などで勤務をし、週1～2回程度、業務の打ち合わせ、事務用品・材料の受け取り、完成品の納品等のため会社に出勤する。	育児・介護をしている者、障害者、高年齢者など

Q5 在宅勤務制度についての就業規則のモデル例は

A 次のとおりです。

　在宅勤務に従事する社員は、労働基準法などの労働関係法令が適用される雇用労働者です。このため、自社で在宅勤務制度を導入する場合には、あらかじめ、就業規則に制度内容を定めておくことが必要です。

　まず、就業規則（本則）に次の規定を設けます。

> **（在宅勤務制度）**
> 第○○条　会社は、在宅勤務制度（社員が自宅等で勤務することを認める制度）を設ける。
> 2　在宅勤務制度の内容、取扱いなどについては、別に「在宅勤務規程」に定める。

　さらに、就業規則（本則）の別規則として**図表5**のような在宅勤務規程を設けます。改正した本則、新設の規程および「従業員の過半数代表者の意見書」をいっしょに、在宅勤務制度を適用する事業所を管轄する労働基準監督署に届け出ます。

　就業規則（在宅勤務規程）で、①会社が在宅勤務社員の労働時間、休日等を管理すること、②在宅勤務社員が他社の業務を行なうことを禁止することなどが明確になっている場合には、その在宅勤務社員は、労働基準法その他の労働関係法令が適用され、雇用労働者として取り扱われます。労働・社会保険（雇用保険、労災保険、健康保険、厚生年金保険）にも加入できます。これらの点で、在宅勤務社員は、在宅就業者（業務委託、業務処理請負、家内労働等）とは異なります。

図表5　在宅勤務規程のモデル例

在宅勤務規程

（目的）
第1条　この規程は、社員の通勤時間を短縮するとともに業務の効率化を図ることにより、企業人としての生活と、家庭人・個人としての生活のゆとりある両立を目指し、一層の勤労意欲向上に資するため、在宅で業務を遂行する者の勤務条件等について定めたものである。

（本規程と就業規則等との関係）
第2条　この規程に定めのない事項については、他の就業規則及び労働契約書（兼労働条件通知書）に定めるところによる。

2　在宅勤務者については、労働基準法その他の労働関係法令及び社会・労働保険（健康保険、介護保険、厚生年金保険、雇用保険、労災保険）が適用される。

（事務の主管部署）
第3条　在宅勤務制度の主管部署は、総務部とする。

（適用）
第4条　この制度は、次の①〜③のすべての要件を満たす者に適用する。
　①　第5条に定める在宅勤務の申請日現在で勤続3か月以上の者
　②　自宅に通信回線接続のパソコン等を所有し、必要に応じて、会社等との情報の送受信ができる者
　③　所属長の承認を得た者

（手続き）
第5条　在宅勤務を希望する者は、所定の「在宅勤務申請書」を所属長に提出し、その承認を得たうえで総務部所管の「在宅勤務者名簿」に登録し、「在宅勤務登録票」を受領しなければならない。

（勤務場所）
第6条　在宅勤務者の就業場所は、原則として自宅とする。ただし、別途指示があった場合、又は業務の都合で自宅以外の場所が勤務場所となるときは、「自宅外勤務連絡書」により総務部に届け出るものとする。

（勤務時間等）
第7条　在宅勤務者が時間外労働、休日労働、又は深夜労働を行おうとするときは、あらかじめEメール、ファックス等により所属課長に届け出なければならない。

2　在宅勤務者は、年次有給休暇又は慶弔休暇を取得するときは、その旨を前日までに、Eメール、ファックス等により所属課長に届け出なければならない。

（報告）
第9条　在宅勤務者は、次の方法により自己の勤務状況、業務の進捗状況等を会社に報告しなければならない。
　①　Eメール・ファックス等によるもの

イ　業務日報…勤務状況、業務の進捗状況等。毎日
ロ　指示事項…Ｅメール、ファックス等によることを求められた報告
　　等。適宜
②　電話によるもの
イ　急を要する事項…至急の案件の連絡・確認。随時
ロ　勤怠の事項…傷病等により勤務ができない時あるいは年次有給休
　　暇等の休暇申請の時。その時
2　前項にかかわらず、別途様式の指定を受けた業務については、その指
　定に従い報告するものとする。

（出社命令）
第10条　会社は、業務上の必要に応じ、在宅勤務者の出社日を定める。
2　在宅勤務者は、出社日には、会社の指示どおり出社しなければならない。
3　前項の場合には、会社は在宅勤務者に交通費（実費）を支給する。

（給与）
第11条　在宅勤務者の給与については、○○社員給与規程に定めるところ
　による。

（費用の負担）
第12条　在宅勤務に伴って発生する光熱費、通信費等の費用は在宅勤務者
　本人の負担とする。
2　前項にかかわらず、指示により自宅外勤務が生じた場合の交通費その
　他会社が認めた費用については、会社負担とし、日報で報告のうえ、給
　与支給日に精算する。

（研修・教育）
第13条　会社は、在宅勤務者に対して、必要に応じ、職務研修及び安全衛
　生教育を行う。

（兼業禁止）
第14条　在宅勤務者は、他社の雇用労働、委託業務処理請負等をいっさい
　行ってはならない。

（秘密の厳守）
第15条　在宅勤務者は、業務上知りえた企業秘密、個人情報等を家族その
　他の他者にいっさい漏らしてはならない。
2　前項に違反した場合は、就業規則の関係規定に基づき、懲戒処分を行う。

（復帰）
第16条　在宅勤務者が次の各号のいずれかに該当したときは、通常の出勤
　勤務形態に復帰するものとする。
①　指定期間が満了したとき
②　指定期間満了前に本人の申請があり、会社が認めたとき
③　会社から通常勤務への復帰命令がなされたとき

（施行期日）
附則　この規程は、令和○年○月○日から施行する。

Q6 在宅勤務社員（雇用労働者）と在宅就業者（業務委託・請負就業者等）との違いは

A 在宅勤務社員には、労基法等の労働関係法令、社会・労働保険等の関係法令が適用されますが、在宅就労者には、これらの法令は適用されない。

1）毎日、出勤して勤務する労働者の場合、事務所、工場等で、決められた始業時刻から終業時刻までの間、管理監督者の指揮命令のもとで働きます。

2）ところが、自宅で働く者の場合、どのような要件に合っていれば在宅勤務社員（雇用労働者）に該当し、どのようなケースが雇用労働者に該当しないか、つまり、在宅就業（業務委託就業者、家内労働者、内職従事者等）に該当するか否かが問題となります。

3）雇用労働者には労働関係法令が適用され、労働・社会保険（雇用保険、労災保険、健康保険、厚生年金保険）、給与からの源泉徴収、最低賃金の適用、労働安全衛生確保の措置等が行なわれます。

4）しかし、雇用労働者でなければ労働関係法令は適用されず、労働・社会保険に加入する必要もありません。

5）自宅で仕事をしている者のうち、どのようなケースが労働基準法等の適用される労働者であるか否かについての判断ポイントは、次のとおりです。

① 仕事の依頼、業務従事の指示等について就業者にその引受けや承諾をするか否かの自由がある場合は、ほぼ雇用労働者ではない

② 会社が業務の具体的内容、やり方を指示し、進み具合を管理している場合、または勤務時間が定められ、本人の報告により会社が管理している場合は雇用労働者の性格が強い

③ 報酬が、時間給、日給、月給等時間を単位として決められている

場合、自宅に設置する機械、器具が会社から無償貸与されている場合、または他社の業務に従事することができない場合は、雇用労働者の性格が強い

契約書の名称が、労働契約（雇用契約）、請負契約、委託契約のいずれであるかだけでなく、以上のような実際の働く状況により判断されます。

Q7 社員のサテライトオフィス勤務制・リゾートオフィス勤務制とは

A 前者は、社員の住居近くの小事務所に勤務する制度。また、後者はリゾート地の小事務所に勤務する制度です。

「サテライトオフィス勤務制」というのは、超過密の大都市にある本社事務所などとは別に、社員の住居の近くに小事務所を設け、社員の一部をそこに勤務させるものです。本社等とサテライトオフィスとの間の業務連絡は、インターネットなどを用います。

サテライトオフィス勤務制に向いている業務は、一定期間、１人あるいはそのオフィスのメンバーのみで集中して行なうほうが効率的なものです。たとえば、各種の企画、調査分析、研究、コンピュータのシステム・ソフトウェアの作成、建築・機械等の設計、図書・雑誌の編集等です。

「リゾートオフィス勤務制」というのは、リゾート地にオフィスを設け、そこに勤務させるものです。サテライトオフィス勤務をさらに発展させたものといえます。自然環境に恵まれ、リフレッシュ施設なども整っているリゾート地で、創造的な研究開発などを進めようというのがその狙いです。

なお、サテライトオフィス、リゾートオフィス等で常時10人以上の

社員が勤務している場合は、労働基準法上で、1つの事業場として取り扱われます。このため、その事業場の所在地を管轄する労働基準監督署に、次の書類を届け出ておかなければなりません。

①　その事業場の社員に適用される就業規則

②　時間外・休日労働に関する労使協定（社員に時間外労働または休日労働を行なわせる場合は、事前に）

 社員の直行直帰勤務制度とは

A 営業・販売などの職種に適した雇用制度です。

「直行直帰勤務制度」というのは、雇用労働者が会社に出勤せず、自宅から、直接、顧客への訪問、販売等に出かけ、勤務が終わったら直接、自宅に、帰宅する制度です。

業務内容は、多くは訪問、販売、客へのアフターサービス、小売店に対する販売状況・売れ筋商品の早期把握、市場調査などです。

この制度のメリットは、次のとおりです。

①　通勤時間が必要ない

②　ケースによっては、社員の自宅を拠点にして営業活動を行なわせることにより、会社は営業所が必要ない

③　会社は、地域に密着したきめ細かく迅速なサービスを提供できる。

なお、この制度のうち、会社が実労働時間を把握することが困難なことなどから労働基準法に定める「みなし労働時間制」を導入する場合には、就業規則に「事業場外労働に関するみなし労働時間制」を適用する旨の規定を設けるとともに、従業員の過半数代表者と労使協定を締結し、これらを労働基準監督署に届け出ておかなければなりません。

③ みなし労働時間制

$\mathbf{Q}_9$ みなし労働時間制とは

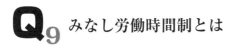

A 実労働時間ではなく、一定の労働時間働いたものとみなす
制度のことです。

1 みなし労働時間制の趣旨は

さまざまな業務のなかには、外交セールス、訪問調査、工事、サービスなど事業場の外でおこなわれるために実労働時間の算定がむずかしいものや、専門職・研究職・主要事業場の企画部門で働く人など、業務の性質上その業務の具体的遂行については労働者の裁量に委ねる必要があるため使用者の具体的な指揮監督になじまず、通常の方法による労働時間の算定が適切でない業務があります。みなし労働時間制とは、このように労働時間を算定しにくい業務について、一定時間の労働をしたものと「みなす」制度です（労基法第38条の2〜第38条の4）。

　例えば、1日の実際の労働時間が8時間30分でも9時間30分でも、平均すると9時間というのであれば、その業務の労働時間は9時間とみなして算定するわけです。「みなし労働時間」は、使用者が独自に、あるいは労使協定、労使委員会決議にもとづいて決めます。

2　みなし労働時間制の適用業務は

　みなし労働時間制の適用は、次の3業務に限られています。

① 　事業場外の労働（在宅勤務、直行直帰の外交セールス等）

② 　専門業務型の裁量労働（専門職・研究職）

③ 　企画業務型の裁量労働（企画部門）

3　みなし労働時間制導入時の留意点は

　その事業場で実労働時間の算定についてみなし労働時間制を採用した場合でも、労基法の時間外労働、休日、休憩時間、深夜業等に関する規定はそのまま適用されます。したがって、次の点などに留意することが必要です。

① 　みなし労働時間制により算定される労働時間が法定労働時間（1日8時間、1週40時間）を超える場合には、事前に、時間外・休日労働協定を結び、割増賃金（25％以上）を支払う。

② 　法定休日（1週に1日、または4週に4日の休日）に労働させる場合には、①の時間外・休日労働協定を結び、割増賃金（35％以上）を支払う。

③ 　所定の休憩時間を定め、その時間に休憩をとるように指示する。

④ 　深夜業禁止の対象者は、午後10時〜翌日午前5時のあいだ就労させない。

⑤ 　深夜時間帯に労働させた場合には、割増賃金（25％以上）を支払う。

Q10 事業場外労働のみなし労働時間制とは

A 在宅勤務など会社の事業場以外の場所で勤務する従業員のうち実労働時間の把握が困難な者について「みなし労働時間制」を適用するもの。

1 対象業務は

みなし労働時間制の適用される事業場外労働とは、事業場の外で働くため、使用者が実労働時間を把握できない業務のことです。たとえば、訪問による営業、工事、調査、サービス提供、出張等が該当します（労基法第38条の2）。

2 労働時間の取り扱い方は

事業場外みなし労働の労働時間は次のように扱います（労基法第38条の2）。

① 実労働時間に関係なく所定労働時間の労働とみなす場合

労働時間の全部を事業場外で労働した場合、所定労働時間の労働をしたものとみなします。実際の労働時間が一部、つまり、所定の時間に満たなくても所定労働時間の労働をしたものとみなします。

たとえば、1日中取材で外出し、会社にまったく出社しなくても、「就業規則で勤務は午前8時から午後5時まで、休憩時間は1時間」と定めてあれば、その日の実労働時間は8時間であるとみなします。

② 実労働時間が、通常、所定労働時間を超える場合

その業務を遂行するのに、所定労働時間を超えて労働することが常態である場合は、使用者がその業務に必要な時間、労働したものとみなします。

（注）所定時間を超過する労働時間は、所定外労働手当、時間外労働手当の対象となる。

③　**労使協定で労働時間の取り扱いを決める場合**

常態的に時間外労働が必要な業務の場合、使用者の判断で労働時間を特定するほか、労使協定でその業務の「みなし労働時間」を決めておく方法もあります。

たとえば、セールス業務については通常9時間の労働を要すると労使で協定すれば、その業務に従事する労働者は9時間労働したとみなすわけです。

（注）超過勤務となる1時間は時間外労働として扱う。

④　**みなし労働の対象とならないケース**

事業場外の労働でも、次の例のように、使用者が実労働時間を把握できる場合には、みなし労働制は適用されず、実労働時間どおりの扱いとなります。

Ⓐグループで働いていて、メンバーのなかに労働時間の管理をする者がいる場合

Ⓑ携帯電話、無線、ポケットベル等により、随時、使用者の指示をうけながら働く場合

Ⓒ事業場で訪問先や帰社時刻等の指示を受けたうえで外で仕事をし、その後事業場に戻る場合

 Q11 **事業場外労働のみなし労働時間制に関する就業規則・労使協定のモデル例は**

A 図表6、7のとおりです。

事業外労働のみなし労働時間制について就業規則に規定するとき

は、**図表６**の規定例を使います。

　また、労使協定のモデル例（届出書を兼ねたもの）は、**図表７**のとおりです。

図表６　就業規則のモデル規定例―事業場外労働のみなし労働時間制

第○○条　従業員が労働時間の全部または一部について事業場外で業務に従事した場合であって、労働時間を算定することが困難なときは、所定労働時間の労働をしたものとみなす。
②　前項の事業場外の労働について、当該業務を遂行するために、あらかじめ、所定労働時間を超えて労働することが必要であるとして、労働基準法第38条の２の規定の定めるところにより労使協定を締結した場合には、労使協定で定めた時間の労働をしたものとみなす。

図表７　労使協定のモデル例―事業場外労働のみなし労働時間制

様式第12号（労基法第24条の２第３項関係）
事業場外労働に関する協定届

事業の種類	事業の名称	事業の所在地（電話番号）		
業務の種類	該当労働者数	１日の所定労働時間	協定で定める時間	協定の有効期間
時間外労働に関する協定の届出年月日				

協定の成立年月日　令和　年　月　日
協定の当事者である労働組合の名称
又は労働者の過半数を代表する者の　職名
　　　　　　　　　　　　　　　　　氏名
協定の当事者（労働者の過半数を代表する者の場合）の選出方法
（　　　　　　　　　　　　　　　　　　　　　　　　　　　　）
令和　年　月　日

　　　　　　　　　　　　　　　　　職名
　　　　　　　　　　　　使用者　氏名印

○○労働基準監督署長殿

④　業務委託就業者の在宅就業

Q12　在宅就業とは

> **A** 業務委託契約により、自宅で、個人事業主等として働くことです。

1　在宅就業とは何か

在宅就業というのは、就業者（個人事業主等）が会社等（注文者）から業務処理委託、請負等を受けて、自宅でOA機器を使用して業務処理をすることをいいます。在宅就業者は、①仕事の依頼に対して諾否の自由がある、②会社等から業務遂行上の指揮監督、勤務時間管理を受けない、ことなどから、労基法でいう「労働者」に該当しません。したがって、会社等と在宅就業者の双方に、労基法、最賃法、安衛法その他の労働関係法令は適用されません。

また、在宅就業者は、労働者に適用される社会・労働保険（雇用保険、労災保険、健康保険、厚生年金保険）には加入できません。会社はこれらの保険料の支払いをしなくてよいというわけです。

ただし、一部の者は、労災保険に特別加入することができます。

2　在宅就業の対象業務は

在宅就業の主な業務内容例は**図表8**のとおりです。

図表8　在宅就業の主な業務例

文書入力、データ入力、設計・整備・デザイン、システム設計・プログラミング、ホームページ作成、ライター・翻訳、DTP、テープ起こし、調査・コンサルティング、計算処理・情報検索、取引文書作成・伝票整理等

3　会社等が在宅就業者に業務発注するメリット・デメリットは

　会社等が在宅就業者に業務発注するメリット・デメリットは**図表9、10**のとおりです。

図表9　会社が在宅就業者に業務発注するメリット

●家事、育児、介護などのために通勤勤務がむずかしい人、高齢者、障害者等を労働力として活用できる
●自社の退職者で、技能、経験のある人を活用できる
●会社の業務量の増減に対応しやすい（業務委託契約には、法規制がすくない）
●社会保険料、ボーナス、退職金等の費用が不要なので、低コストですむ
●社内に仕事場をつくらずにすむ

図表10　会社が在宅就業者に業務発注するデメリット

●仕事の内容について細かい指示がしにくい
●十分に目が届かず、納品されるまで仕事の出来具合がわからない
●兼業を禁止できず、企業秘密が外部に漏れ出すおそれがある
●社内に業務のノウハウが蓄積していかない

13 在宅就業の業務委託契約書のモデル例は

A 図表11のとおり。

　会社等が、在宅就業者に仕事を委託する際には、トラブルを防ぐため、次のことを記載した業務委託契約書を必ず作成し、在宅就業者と取り交わすことが欠かせません。

① 委託者の氏名、会社名、所在地、電話番号

② 就業者の氏名、住所、電話番号

③ 報酬の支払い場所、締切日、金融機関に振り込みの場合の金融機関名、口座番号

④ その他の委託条件

⑤ 完成品の納期、検査の方法・基準、不良品・納期遅延の取り扱い

　上述のことを定めた業務委託契約書例は**図表11**のとおりです。

図表11 会社等が在宅就業者と結ぶ業務委託契約書のモデル例

業務委託契約書

　委託者○○○○株式会社（以下甲）は、この契約に定める条件で○○○○に関する業務を委託者（以下乙）に委託し、乙はこれを受託する。この契約は労働契約ではないので、労働基準法、労働契約法、最低賃金法、労働安全衛生法、労災保険法その他の労働関係法令及び雇用労働者に適用される労働・社会保険法令は甲乙双方に適用されないものとする。

　当契約以外の事項、または当契約に疑問が生じた場合には、双方で民法等の法令に基づいて協議する。

　甲及び乙は、当契約に基づき業務上知り得た情報について、双方ともに相手方の同意なく無断で、他の目的に利用してはならない。

契約期間	令和　年　月　日～令和　年　月　日
業務内容	
報酬額	単価：　円　合計：　円
支払期日	1．令和○○年○○月○○日 2．納品後、日以内 3．毎月日締め、日支払い 4．その他（　）
支払方法	1．乙指定の金融機関の 　口座に振込　金融機関名： 　　　　支　店　名：　　　口座番号： 2．その他（　）
納期	1．令和○○年○○月○○日 2．毎月日 3．毎週曜日 4．その他（　）
納品先	
不良品及び納期遅延の取り扱い	
その他	

令和　　年　　月　　日
委託者（甲）：
会社名
所在地
代表者氏名　　　　　　㊞
担当者氏名　　　　　　㊞
電話番号
受託者（乙）：　　　　㊞
住所
氏名　　　　　　　　　㊞
電話番号

第2章

適法な賃金カットのしかた
～賃金・労働条件の不利益変更のルール～

① 適法な賃金・労働条件の引下げ方法

 適法な賃金・労働条件引下げの方法は

会社が、適法に、従業員の賃金、退職金、労働時間、休日その他の労働条件を、不利な内容に引き下げるには、どのような方法がありますか。

> **A** ①各従業員から署名・押印した個別同意書をもらう、②使用者が就業規則（賃金規程ほか）の規定内容を変更する、③労働組合と結んだ労働協約の内容を、合意のうえ変更する、という３つの方法があります。

1 ポイントは

　賃金、退職金その他の労働条件を従業員に有利な内容に引き上げることは容易です。しかし、使用者が、従業員と合意した労働条件についての契約内容を、従業員にとって不利な内容に引き下げることは、現在の労働関係法令の下では、なかなかに困難なことです。慎重な対応が必要です。

2 賃金・労働条件引下げの具体的な方法は

　現在の賃金・労働条件を従業員にとって不利な内容に引き下げるには、**図表1**の３つの方法があります。

図表1　適法な賃金・労働条件引下げの方法

①各従業員の個別同意をとる方法
　これは、労働条件の引下げ（または賃金請求権の放棄）に同意する内容の文書を作成し、各従業員に署名、押印してもらう方法です（使用者と従業員の合意による労働契約内容の変更：労契法第8条）。
②就業規則の変更による方法
　これは、現行の就業規則の規定内容を、不利益変更するものです。その事業場の就業規則の適用される全従業員の労働条件をまとめて不利益変更できる利点があります。しかも、使用者の判断のみでできます。
　他方、変更の内容、手続きに「合理性」がないと、認められません（就業規則による労働契約の内容の変更：労契法第9条、第10条）。この方法については、本書末尾の「おわりに」で、追加説明します。
③労働協約の締結による方法
　従業員が労働組合に加入している場合には、使用者はその労働組合と団体交渉を行い、その結果にもとづき労働協約を結ぶことにより、組合員の労働条件をまとめて変更（不利益変更を含む）することができます（労働組合法第14条）。
　さらに、その労働協約が、1つの事業場の労働者の4分の3以上に適用される場合には、その事業場の非組合員である同種の労働者にも拡張適用されます（労組法第17条）。

3　賃金・労働条件の不利益変更時の原則とは

　賃金、労働時間、休日その他の労働条件は、企業と従業員との間の労働契約で決まります。労働契約というのは、いわば労働力という商品の売買契約のことです。

　およそ契約である以上、売買契約であれ、委任契約であれ、契約内容を変更する場合には、契約した相手方の同意を得ることが必要であるというのが大原則です。

　一方的に変更内容を通知するだけでは、認められません。この原則を確認しておくことが労使間のトラブルを防止する基本です。

労働条件引下げの有効・無効を決める法律の規定は

労働契約法では、賃金・労働条件の変更について、どのように規定されているのですか。

 労働契約法に①個別の労働契約の変更と②就業規則の規定内容の変更について定められています。

　労契法の労働契約と就業規則に関する規定は、**図表2**のとおりです。

図表2　労契法の労働契約・就業規則関係規定

（労働契約の成立）
第6条　労働契約は、労働者が使用者に使用されて労働し、使用者がこれに対して賃金を支払うことについて、労働者及び使用者が合意することによって成立する。
第7条　労働者及び使用者が労働契約を締結する場合において、使用者が合理的な労働条件が定められている就業規則を労働者に周知させていた場合には、労働契約の内容は、その就業規則で定める労働条件によるものとする。ただし、労働契約において、労働者及び使用者が就業規則の内容と異なる労働条件を合意していた部分については、第12条に該当する場合を除き、この限りでない。
（労働契約の内容の変更）
第8条　労働者及び使用者は、その合意により、労働契約の内容である労働条件を変更することができる。
（就業規則による労働契約の内容の変更）
第9条　使用者は、労働者と合意することなく、就業規則を変更することにより、労働者の不利益に労働契約の内容である労働条件を変更することはできない。ただし、次条の場合は、この限りでない。
第10条　使用者が就業規則の変更により労働条件を変更する場合において、変更後の就業規則を労働者に周知させ、かつ、就業規則の変更が、労働者の受ける不利益の程度、労働条件の変更の必要性、変更後の就業規則の内容の相当性、労働組合等との交渉の状況その他の就業規則の変更に係る事情に照らして合理的なものであるときは、労働契約の内容である労働条件は、当該変更後の就業規則に定めるところによるものとする。ただし、労働契約において、労働者及び使用者が就業規則の変更によっては変更されない労働条件として合意していた部分については、第12条に該当する場合を除き、この限りでない。
（就業規則違反の労働契約）
第12条　就業規則で定める基準に達しない労働条件を定める労働契約は、その部分については、無効とする。この場合において、無効となった部分は、就業規則で定める基準による。

② 従業員の個別同意を得る方法

Q₃ 労契法第8条（労働契約の内容の変更）の規定内容は

この規定は、どのようなことを定めているのでしょうか。

A 使用者（企業）と各労働者（従業員）との合意で変更できると定められています。

1 労契法第8条の趣旨は

　労契法第8条の趣旨は、当事者の合意により契約が変更されることは、契約の一般原則であり、この原則は、労働契約についても当てはまるものです。労契法第8条は、この労働契約の変更についての基本原則である「労働者と使用者の合意の原則」を確認したものです。

2 労契法第8条の規定内容は

　労契法第8条は、「労働者及び使用者」が「合意」するという要件を満たした場合に、「労働契約の内容である労働条件」が「変更」されるという法的効果が生じることを規定したものです。また、同法8条に「合意により」と規定されているとおり、労働契約の内容である労働条件は、原則として、労働契約の締結当事者である労働者及び使用者の合意のみにより変更されるものです。したがって、労働契約の変更の要件としては、変更内容について書面を交付することまでは求

められていないものです。

　労契法第8条の「労働契約の内容である労働条件」には、労働者及び使用者の合意により労働契約の内容となっていた労働条件のほか、同法第7条本文により就業規則で定める労働条件によるものとされた労働契約の内容である労働条件、同法第10条本文により就業規則の変更により変更された労働契約の内容である労働条件及び同法第12条により就業規則で定める基準によることとされた労働条件が含まれるものであり、労働契約の内容である労働条件はすべて含まれるものです。

3　労働条件とは

　労契法第8条の「労働条件」とは、賃金、退職金、雇用期間、労働時間はもちろんのこと、解雇、雇止め、出向、転籍、災害補償、安全衛生、寄宿舎等に関する条件をすべて含む労働者の職場における一切の待遇のことをいいます。

 4　賃金・労働条件引下げの具体的な方法は

これは、具体的にどうするのですか。同意書の書式例を示してください。

A　各従業員から個別に同意書をもらいます。

1　賃金・労働条件引下げの具体的な方法は

　労働者と使用者は、両者の合意により、労働契約の内容である賃金・労働条件を変更することができます（労契法第8条）。例えば、

会社の受注量が急に大幅減少して契約どおりの賃金支払いが困難になったとします。

使用者が各従業員に事情を説明して一時的な基本給の引下げ（賃金請求権の放棄）について同意を得たとします。

図表3の書式例の同意書の署名、押印を得ておけば賃金の引下げの同意、または各従業員の意思にもとづく賃金請求権の放棄として、事実上、その部分の賃金を支払わなくても賃金不払い（労基法第24条違反）とはなりません。

なお、同意書をとっておいても、この同意が労契法第12条（就業規則違反の労働契約）の規定により無効になってしまう恐れもあります。

したがって、同意を得た場合も、変更した（賃金引下げした）部分の就業規則（賃金規程）の規定は必ず改訂（時限立法的な附則で足りる）しておかなければなりません。

例えば、次のとおりです。

附則第○条　第○条で定める基本給については、令和2年5月から1年間、その5％相当分を引き下げた金額を支給するものとする。

また、基本給の引下げが恒常的なものである場合には、同意書と就業規則（賃金規程）の関係規定の表現を、期間を限定しない表現にします。

なお、上記の労働者の同意が労働者の賃金の一部放棄であると法的構成が可能な場合は、労契法第12条の適用はないと解されます。

2　賃金引下げ同意書（例）は

この書式（例）は、**図表3**のとおりです。

図表3　賃金引下げ同意書（例）

賃金引下げ同意書（賃金請求権の一部放棄同意書）

○○○会社
○○社長様

令和2年4月1日
従業員○○○○㊞

私は、次のことに同意します。
①　令和2年4月1日から1年間、毎月の基本給の金額を5％引き下げること（賃金請求権を放棄すること）。
②　本同意書の記載内容は、私に適用される正社員賃金規程に優先する効力を持つこと。

 Q5　従業員の個別同意を得る場合の注意点は

個々の従業員から賃金・労働条件の引下げの同意を得る場合に、どのような点に注意したらよいかを教えてください。

A ①きちんと説明し、同意をえること、②就業規則の関係する規定内容も変更しておくことが必要です。

1　従業員の個別同意を得る場合の注意点は

現在の賃金・労働条件を、従業員にとって不利益な内容に変更するためには、原則として、その従業員の同意を得ることが必要です。同意のとり方は、それが法的に同意を得ていると認められる、つまり訴訟等で同意が有効であると認められる方法でとっておかなければなりません。具体的な注意点は**図表4**のとおりです。

図表４　従業員の個別同意を得る場合の注意点

```
1　あらかじめ、対象従業員に労働条件の変更内容を十分に説明すること。
2　対象従業員に正攻法で説得すること。
3　対象従業員に十分に検討期間を与えること。
4　対象従業員の合意書・同意書を得ておくこと。
5　同時に、就業規則（賃金規程）も変更すること。
```

２　あらかじめ、対象従業員に賃金・労働条件の変更内容を十分に説明するというのは

　経営者みずからの言葉で**図表５**のことを十分に説明することが必要です。

図表５　給与カット（引下げ）の際の経営者の説明事項（例）

```
①　具体的な労働条件変更の内容（例）
　a　給与カットの対象となる従業員の範囲
　b　カットの対象となる給与（基本給、諸手当など）
　c　給与カットの率または額
　d　給与カットを実施する期間
②　給与カットが不可欠であること。
③　給与カットに踏み切る前に経営者や役員としてできるかぎりの努力を
　してきたこと。
④　今後、経営者、役員が、業績回復にむけてどのような努力をするかと
　いうこと。
```

３　経営者側が対象従業員に対して、正攻法で説得し、同意を得るというのは

　例えば「同意しないと辞めてもらう」、「同意しないと今後の人事評価が低くなる」などの発言は禁物です。裁判所は、賃金引下げの有効・無効をめぐる民事訴訟では、「従業員の同意については、それが真意にもとづくものであるか否か」を慎重に検討する傾向にあります。

　裁判所は、同意書・合意書があるというだけで無条件にその効力を認めるのではありません。当該同意書・合意書に対象従業員がサイン（署名）するに至った説明過程・説得過程に問題があれば、仮に同意書・合意書があったとしてもその効力が否定されるリスクがあるのです。**図表6**は、動機の錯誤により無効とされた事案です。

図表6　動機の錯誤により無効とされた事案

鼕々堂事件（大阪高裁平成10年7月22日判決・労判748-98）
　賃金の引下げ（時給966円から535円ないし730円に）、労働時間の短縮（1時間短縮）、雇用期間の定めの変更（期間の定めのない雇用から6か月の有期雇用契約に）という労働条件の大幅切下げを行った事案。
　従業員は新社員契約書にサインをしていたが、裁判所は「新社員契約に応じなければ雇用関係を維持できないと考えて締結したものと認められ、動機の錯誤として無効」（わかりやすく言えば、契約書にサインしなければクビになると考えて間違ってサインしたものなので無効）であると判断した。

4　対象従業員に十分な検討期間を与えるというのは

　検討期間を与えずにその場で同意書・合意書にサインさせる場合が実務上よくあります。しかし、十分な検討期間を与えなければ、従業員から「検討する時間もなく、意味がよく理解できないまま同意書にサインをさせられた」などと主張され、同意書が無効と判断されるリスクがあります。**図表7**の事案は、従業員に対して検討期間を与えることの重要性を再認識させられる裁判例です。

図表7　検討期間を与えたことにより有効となった事案

大塚製薬事件（東京地裁平成16年9月28日判決・労判885-49）
　転籍に同意し同意書にサインしていた従業員が、転籍せずにそのまま会社に残るという選択肢はないと誤解して転籍に同意したので同意書は無効であると主張した事案。裁判所は約3週間の検討期間もあったとして従業員の主張を排斥した。

5 対象従業員の合意書・同意書を得ておくというのは

　賃金・雇用など重要な労働条件の不利益変更については、各従業員の明確な合意書、同意書をとってから実施しなければなりません。

　従業員の明確な合意書・同意書がないと、訴訟では合意が否定される危険性があります。合意が否定された裁判例は、**図表8**のとおりです。

図表8　従業員の同意書がないため合意が否定された判決例

---

① 　更生会社三井埠頭事件（東京高裁平成12年12月27日判決・労判809・82）

　会社が管理職全員を招集して賃金カット（基本給・職能等級手当・職能資格手当・役職手当・住宅手当・家族手当の合計額20％を「調整金」名目で控除。10万内前後の金額のカット）を告げて減額支給した事案。

　会社は「賃金支払日に管理職から特に異議申立もなかったので同意があった」と主張したが、裁判所は会社が同意書をとっていないこと、口頭でも同意を求めようともしていない点などを指摘して、「管理職が自由な意思に基づいて減額通知を承諾したと考えることはできない」と結論づけた。

② 　日本構造技術事件（東京地裁平成20年1月25日判決・労判961・56）

　経営難から2月以降本俸の5％（一般職）～15％（部長職）の賃下げを通知して、減額した賃金支給を行った事案。

　明確な同意書はなかったが、会社は「説明会を通じて従業員に減額の趣旨を説明したが質問が出なかった、その後にも反対意思を表明した者はいなかった。したがって賃下げについて従業員の同意が成立している」と主張した。

　しかし、裁判所は「重要な労働条件の変更には、従業員各人からの同意書等を徴求することによって意思表示の確実を期さなければ確定的な合意があったとは考えられない」、「（会社のやり方は）賃金減額への同意の意思を確認する方法として不十分」と判断して会社の主張を認めず、賃下げ分の支払いを会社に命じた。

---

6 同時に、就業規則（賃金規程）も変更するというのは

　賃金・労働条件の不利益変更が一時的なものではなく、恒常的な変更となる場合には、対象従業員から合意書・同意書を受け取るだけではなく、就業規則・賃金規程も同時に変更しておくことが必要です。

その理由は、民事訴訟で「対象従業員から就業規則（賃金規程）に反するような同意書・合意書自体が無効である。」と主張されるリスクがあるからです（労契法12条）。

 Q6 強迫・錯誤・詐欺による労働条件引下げ同意の効力は

使用者側（上司など）が従業員を強迫したり、ダマして同意させた場合、その同意の効力はどうなるのでしょうか。

A 同意が無効になったり、取り消されたりします。

賃金など労働条件の引下げについての従業員の同意の意思表示が強迫や錯誤、詐欺によるものであった場合には、その同意の意思表示が、民法の規定により取り消されたり、無効になります。

1　強迫による同意の効力は

会社側が従業員に畏怖心を生じさせ、賃金引下げに同意させた場合は、強迫によるものとして意思表示の取消しが認められます（民法第96条第1項）。

2　錯誤、詐欺による同意の効力は

錯誤による労働条件引下げ同意の意思表示は取消が認められます（民法第95条）、詐欺によるものも取消しが認められます（民法第96条第1項）。錯誤による同意としては、例えば、労働条件引下げに同意しないとクビになる（解雇される）と思い込み、同意した場合です。

Q7 雇用形態、賃金・労働条件を変更する労働契約書（兼労働条件変更通知書）のモデル例は

雇用形態を正社員から契約社員、パートタイマーなどに変更する場合、あるいは出勤日数や勤務時間を変更する場合の書式例を教えてください。

A 図表9のとおりです。

　雇用形態や賃金・労働条件を変更する場合には、使用者と労働者の合意が必要です（労契法第8条）。その合意内容を確認し、後日のトラブルを防ぐための労働契約書（兼労働条件変更通知書）のモデル例は、**図表9**のとおりです。

図表9　労働契約書（兼労働条件変更同意書）のモデル（例）

労働契約書（兼労働条件変更同意書）

令和○年○月○日

○○○○（株）○○支店長○○○○（以下「甲」という。）と○○○○（以下「乙」という）は、令和○年○月○日より、労働条件を下記のとおり変更し、新たに労働契約を締結する。この契約書の記載事項は、就業規則の規定に優先する。この契約書に記載のない事項については、期間雇用社員就業規則に定めるところによる。

雇用期間	令和○年○月○日～令和○年○月○日（1年間）
就業場所	○○○○（株）○○○○支店　TEL×××－△△△△
所在地	○○県○○市○○○　FAX×××－□□□□
業務内容	倉庫内における雑貨商品の入出荷管理業務 作業責任者○○○○
所定労働時間	午前8時0分～午後5時0分（実働8時間）
休憩時間	正午～午後1時
時間外労働	甲の時間外労働協定による1日5時間、月間45時間、年間360時間の範囲内とする。
所定休日	毎週日曜日
賃金	基本給　月額25万円　　昇降給　無 通勤手当　月額上限　3万円　賞与　無 退職金　無
割増賃金	1　時間外労働　25％　　2　深夜労働　25％ 3　休日労働　35％
賃金支払い時の控除	1　所得税、住民税、社会・労働保険料 2　労使協定に基づく賃金控除有（雑費・昼食代）
賃金支払い	月1回払い（月末締め　翌日10日支払い）
年次有給休暇	労働基準法に定める日数
社会・労働保険	健康保険　厚生年金保険　雇用保険　労災保険
契約期間中の解雇・退職	1　契約期間中であっても、「乙」が希望するときは、2週間前に申し出ることにより退職することができる。 2　期間雇用社員就業規則（第○○条）に定める解雇事由のあるとき、甲は乙を解雇できる。ただし、労働法令に従う。 3　発注先から請負契約が解約された場合は、配転による当社の他事業所での雇用継続に努めるが、困難な場合は30日前の予告または30日分の予告手当の支払いにより解雇することがある。
労働契約の更新	甲の事業所成績、経営状況、業務の見直しによる業務量の増減、乙の能力、勤務態度、健康状態等を総合的に勘案し、契約更新の有無、及び更新する場合は、更新後の業務内容、賃金（増減）等を決定し、契約期間終了の30日前までに乙に通知する。

甲　○○（株）○○支店長　署名　㊞
乙　従業員　　　　　　　　署名　㊞

第3章

さまざまな雇用調整等のしかた
～休業（自宅待機）・時短、年休付与、企業内人事異動、企業間人事異動（出向・転籍）～

❖❖❖❖❖❖❖❖❖❖❖❖❖❖❖❖❖❖❖❖❖❖❖❖❖❖❖❖❖❖❖❖❖❖❖❖

① 社員の休業（自宅待機）・時短と会社の休業手当支払の義務

❖❖❖❖❖❖❖❖❖❖❖❖❖❖❖❖❖❖❖❖❖❖❖❖❖❖❖❖❖❖❖❖❖❖❖❖

 Q₁ 休業手当の支払義務と注意点は

休業手当の支払義務とは、どのようなことですか。また、休業手当の支払いについてどんな点に注意が必要ですか。

> **A** 使用者には、休業手当として、平均賃金日額の60%以上を支払う義務があります。

1）使用者は、自己に責任のある理由で、従業員の所定労働日に休ませた場合には、その休業期間について、少なくとも平均賃金（日額）の60%以上を、給与として、給与支給日に支払わなければなりません（労基法第26条）。**図表1、2**に注意してください。

　日雇契約、パート契約（例えば、週2日勤務）の場合には、所定労働日以外の日（出勤義務のない日）については無給で適法です。休業手当の支払いは不要です。

2）上述1）の労基法26条の規定は、労働条件の最低基準を定めたものです。したがって、その事業場に適用される労働協約（使用者と労働組合との契約文書）、就業規則、労働契約、または労働慣行により使用者に60%を上回る賃金を支払う義務がある場合には、使用者はそのとおりに支払わなければなりません。例えば、完全月給制の従業員は、その月に休業（自宅待機）の日があっても、基本給と諸手当は、約束された100%支給されます。

図表1　休業手当を払うとき、払わないとき

会社に責任のある休業（支払義務あり）
- ●経営上の理由による休業（不況、受注減少、資材・資金不足・事業場の設備の欠陥等による休業。ただし、原料・資材等の不足であっても、会社の関与範囲外の原因による場合には、休業手当の支払い義務は発生しない）
- ●使用者の故意、過失による休業

会社に責任のない休業（支払義務なし）
- ●火災類焼等、不可抗力によるもの
- ●雨天（あらかじめ雨天は営業しないことを定めている場合）
- ●一部労働者のストライキにより他の労働者が就労できない、または事業主が残りの労働者の就労を拒否した場合
- ●法令を守ることで生じる休業（労基法にもとづく代休命令による休業や労働時間の短縮、安衛法によるボイラー検査、健康診断結果にもとづいて与える休業や労働時間の短縮等）

図表2　休業手当、ここに注意

① 所定休日（労働義務のない日）は対象外
　日雇い契約であれば、仕事のない日に休ませても（その日分の労働契約を結んでいないので）支払義務はありません。週2日勤務のパート契約であれば、他の5日は支払義務はない。
② 休業には、使用者による労働者の意思に反する就業拒否も含まれる
　特定の従業員に対し、本人の意思を無視して就業拒否する場合も休業に含む（採用内定者を採用日以後に自宅待機させた場合、解雇予告中に、合理的理由がないのに、出勤停止を命じた場合等）。

Q2 「半日休業（時短）」等の場合の休業手当の支払額は

A その従業員の平均賃金日額の60％以上の支払いが必要です。

1）例えば、日給月給制や日給制の社員（1日の所定労働時間が8時間）を半日（4時間）に短縮勤務（残りの4時間は休業）とした場合

にも、平均賃金（日額）の60％以上を休業手当（賃金）として支払わ
なければなりません。例えば、平均賃金（日額）が１万円の人であれ
ば、６千円以上を支払わなければならないということです。

２）また、パートタイマー（１日の所定労働時間が４時間）を、１日
（４時間）休業としたり、１日２時間勤務にした場合にも、１日の平
均賃金（日額）の60％以上の金額を、休業手当（賃金）として支払わ
なければなりません。例えば、そのパートの平均賃金（日額）が4,000
円であるとしたら、休業１日につき2,400円以上を支払わなければな
りません。

Q3 会社が、従業員に時差出勤を命じた場合の賃金支払額の注意点は

A 実労働時間数が同一であれば、原則として、賃金支払額も同額です。

　ただし、例えば、午後10時から翌朝の５時までの時間帯に勤務させ
ることにした場合には、「深夜労働」についての「25％以上」の割増
賃金を支払わなければなりません（労基法第37条）。

Q4 新型コロナ特別措置法の施行日以前（令和2年4月6日以前）に企業が従業員を休業（自宅待機）にした場合、その企業は従業員に休業手当（平均賃金日額の60％以上）を支払う労基法上の義務はありますか

A 原則として、休業手当を支払う義務があります。

1）厚生労働省労働基準局は、国から緊急事態宣言が出されたからといって、原則として、使用者の休業手当支払義務がなくなるものではないとしています（令和2年4月10日時点）。

2）都道府県知事から、その業種について休業要請が出された場合についても、強制ではないので、上記1）と同様であると考えられます。

3）令和2年4月中旬以降も、原則として、同様です。これらの判断基準の変更の有無、個別具体的な判断等については、もよりの労働基準監督署または労働局に問い合わせてください。

Q5 新型コロナ特別措置法に基づき、企業が従業員を休業（自宅待機）にした場合、休業手当（平均賃金日額の60％以上）の支払義務はあるか

A 原則として、休業手当を支払う義務があります。

平均賃金（日額）とは

A 休業手当、年休取得時の賃金、解雇予告手当、労災補償、減給制裁等の額を計算する際の基準となる賃金日額のことです。

　平均賃金（日額）は、労働基準法により、過去３か月間の賃金を平均して求めることが定められています。

　計算方法は**図表３**が基本です。ただし、年次有給休暇取得時の賃金には「所定労働時間だけ労働した場合に支払われる通常賃金（労働日あたり所定賃金）」を用いることもできます。その他、**図表４**の(2)の簡易式の金額が平均賃金（日額）より高くなる場合は、これを用いても適法です。

図表３　平均賃金（日額）の求め方の基本形

賃金計算の締切日がある場合は、直前の締切日前の３か月間

総日数は、労働した日ではなく、暦の日数

$$\text{平均賃金（日額）} = \frac{\text{計算すべき事由の発生した日以前３か月間に支払った賃金総額}}{\text{同時期の３か月間の総日数}}$$

次の控除期間は３か月間から除外
- ●業務上の疾病による休業期間
- ●産前産後の休業期間
- ●会社に責任のある理由で与えた休業期間
- ●休業法による育児・介護休業期間
- ●試用期間

次の賃金は賃金総額から除外※
- ●左記の控除期間中の賃金
- ●臨時に支払った賃金（退職金、結婚手当、私傷病手当等）
- ●３か月を超える期間ごとに支払った賃金（夏冬の賞与等）
- ●法令、労働協約（労働組合と結ぶ）に基づかない現物給与

※時間外・休日・深夜労働の割増賃金は除外しない

図表4　平均賃金（日額）を出すその他の方法

(1)　賃金支給形態による計算法

①　日給、時間給、出来高給その他の請負制の場合

> 平均賃金（日額）=
> 3か月間の賃金 ÷
> その期間中に労働した日数 ×
> 60%

②　月給、週給と左記①を併用している場合

> 平均賃金（日額）=
> 月給・週給の部分の総額 ÷
> 3か月間の総日数 +
> 左記①の金額

前ページの基本形の計算式で求めた平均賃金額のほうが、上記①、②よりも高ければ、基本形を使う

③　雇い入れてから3か月に満たない従業員の場合

> 平均賃金（日額）=
> 雇い入れ後に支払った
> 賃金総額 ÷
> 雇い入れ後の総日数

④　日々雇用する労働者

> 平均賃金（日額）=
> 従事する事業・職業に
> ついて厚生労働大臣の
> 定めた額

(2)　簡易式の計算法

労働日あたり所定賃金＝平均賃金（日額）として扱う

時間給の場合	時間給額にその日の所定労働時間数を掛けた額
日給の場合	日給額
月給の場合	通常賃金をその月の所定労働日数で割った額

CHECK

□賃金の総額の中に、時間外・休日・深夜労働の割増賃金、毎月の各種手当も入れたか

➡基本形を使って求める際は、時間外・休日・深夜労働の割増賃金なども含めて計算する

□暦日数で割るべきところを、実際の労働日数にしていないか

➡算出方法によって異なるので、再確認を

Q7 完全月給制の従業員を休業（自宅待機）にした日の賃金支払額は

A 基本給等の100％の支払いが必要です。

　具体的には、その従業員に適用される就業規則（賃金規程等）の関係規定にもとづき判断されることになります。

　就業規則の賃金支払いに関する規定が「その月の出勤日数と関係なく、基本給と一定の手当を100％支給する」旨の内容になっていれば、労基法による休業手当（平均賃金日額の60％以上）ではなく、その就業規則の規定どおりの金額を支払うことが必要です。

2 年次有給休暇の付与

 年次有給休暇の付与とは

A 事業にヒマのある間に、早めに年休を与えるのも一つの方法です。

1）その従業員の１週間の所定労働時間、継続勤務期間等に応じて、使用者が、１年間に、与えなければならない年次有給休暇の日数は**図表5**のとおりです。

この付与義務日数の中でも、とくに、１年間に５日分については、使用者（会社側）が各従業員に対して取得の時季を指定して年休を与えることが義務づけられています。

2）年休を取得した日については、所定労働時間の勤務をした場合に支払われる通常の賃金を支払うのが、一般的です。

例えば、通常８時間勤務をしている人は８時間分、また４時間勤務のパートの場合は４時間分の基本給と諸手当（通勤手当を除く。）を支払うということです（以上、労基法第39条）。

図表5　年次有給休暇の付与日数

| 週所定労働時間 | 所定労働日数 | | 継続勤務した期間に応じた年休の付与日数 | | | | | | |
	週で定める場合	週以外で定める場合	6か月	1年6か月	2年6か月	3年6か月	4年6か月	5年6か月	6年6か月以上
1	週30時間以上		10	11	12	14	16	18	20
2 週30時間未満	週5日以上	年間217日以上	10	11	12	14	16	18	20
	週4日	年間169〜216日	7	8	9	10	12	13	15
	週3日	年間121〜168日	5	6	6	8	9	10	11
	週2日	年間73〜120日	3	4	4	5	6	6	7
	週1日	年間48〜72日	1	2	2	2	3	3	3

年休付与日数は、20日が上限。6年6か月以降は継続勤務年数が長くなっても20日のまま。

③　企業内人事異動と企業間人事異動（出向・転籍）

 Q9　人事異動のルールは

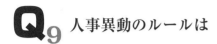 会社が独断で決めて、命令することができますが、判例により一定の制限はあります。

1　人事異動命令の拒否は懲戒解雇もできる

　人事異動とは、従業員の担当業務や所属部署、勤務場所を長時間にわたって変更すること。人事異動は就業規則に基づく使用者としての権利であり、その命令に従わない従業員は、懲戒解雇することもできます。

2　転勤は配転の1つ

　企業内で、従業員を異動させる配置転換（配転）には、**図表6**のように、転勤、配置換え、昇格・降格等があり、どれも原則として従業員の同意を得ずに会社が一方的に命じられます。ただ、使用者の好き勝手にはできず、労働契約、労働慣行の内容によっては制限があります（**図表7**の(1)）。判例により人事権の濫用（人事権の本来の目的、内容を外れる）とみなされる配転命令は認められません（**図表7**の(2)）。

　自社の従業員を他企業に異動させる出向命令についても同様です（労働契約法第14条）。

図表6　人事異動のいろいろ

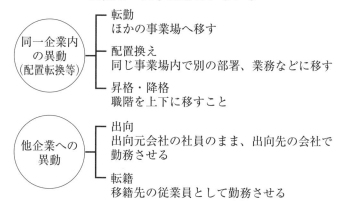

同一企業内
の異動
（配置転換等）

├ 転勤
　ほかの事業場へ移す

├ 配置換え
　同じ事業場内で別の部署、業務などに移す

└ 昇格・降格
　職階を上下に移すこと

他企業への
異動

├ 出向
　出向元会社の社員のまま、出向先の会社で
　勤務させる

└ 転籍
　移籍先の従業員として勤務させる

図表7　人事異動には一定の制限がある

(1)　労働契約による制限

① 労働契約の締結、労働慣行により、本人の勤務場所、職種が特定されている	労働契約書に明確な記載がない場合も、採用時の事情その他に基づいて判断される。たとえば、慣行上転勤がなかった工具を他の工場に転勤させる場合は、本人の同意が必要
② 特殊な資格、技術が採用条件となっている	医師、看護師などは、本人の同意を得ずに他の職種に配転できない。技術職、研究職からセールスエンジニアや技術営業職への配転は、最近は有効とされる傾向がある

(2)　人事権濫用による制限

① 配転の業務上の必要性	業務の合理化、教育目的、職場の和を守るなど、業務上の必要性は広範囲に認められており、大きな制限とはならない
② 不当な動機、目的による配転	「社長の娘と従業員が親しくなりすぎた」など、業務と関係のない動機に基づく配転は無効。労働組合活動を妨害する目的や、性別、思想、信条などを理由とする配転も無効
③ 私生活に著しい不利益を生じている	「病気の子どもや親をかかえている」など、その者の転勤により一家が破綻し、生活に支障をきたすような場合は、あまりに酷であるとして、正当な拒否理由になる
④ 労働条件が著しく悪化する	大幅な減給、合理性のない降格は無効

CHECK

□就業規則に人事異動の根拠規定を設けてあるか
□事前に従業員と個別面談し、家庭状況等を把握して人事異動案を作成しているか
□異動させようとする従業員との労働契約はどうなっているか
□人事異動に不当な動機・目的はないか
➡人事権は使用者の権利だが、思いどおりに行使できるとはかぎらない。

Q10　企業間人事異動（出向・転籍）とは

A 出向では、その従業員はいずれ出向元会社に戻りますが、転籍では戻ることはありません。

1　出向・転籍は企業間の人事異動

　同一企業内での人事異動だけでなく、他の企業での勤務を命じるのも人事異動の１つ。それには、出向と転籍の２つのタイプがあります（**図表8**）。

　出向は、出向元会社の従業員の身分のままで同時に出向先会社の従業員となり、勤務するものです。出向の際には、就業規則（出向規則）に必要事項を定め、出向契約書の作成が必要です。

　他方、転籍は、転籍元会社を退職して、新たに転籍先会社の従業員になるものです。どちらの形をとるかで、雇用主、勤務場所、就業環

図表8　出向と転籍の違い

	出向（在籍出向）	転籍（移籍出向）
雇用主	A社、B社の双方	A社からB社に変わる
対象従業員の個別同意	なくてもできる。就業規則等で出向先を限定し、身分、待遇等も保証する規定があれば、同意が得られたものとして取り扱うことができる。また、その出向が慣行化されている場合も同じ	なければできない。従業員は拒否することもできる。A社を退職し、新たにB社の従業員となるので、賃金から社会・労働保険まで、全面的にB社が面倒をみる

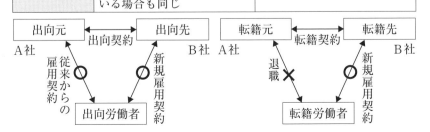

境等が大きく変わります。

　最近は、本社のスリム化をはかる企業が多く、子会社や関連会社への出向や転籍が増える傾向にあります。

2　出向・転籍者の取扱いを明確にしておくことが必要

　これらについては、元の会社とその従業員との間で、出向又は転籍に関する契約書により明確にしておくことがトラブル防止につながります。

　図表9は、他企業への出向者についての一般的な取扱いの内容です。

図表9　出向者の扱いを明確にしておく

出向者の身分・条件	権限・責任の主体	内　　容
基本的労働関係	ほとんどの場合、出向先	出向先（B社）の就業規則によって労働時間、休日、休暇等の労働条件が決められる。出向元（A社）の就業規則のうち労務提供に関係ない部分（退職、定年、解雇、福利厚生等）は、引き続き出向後も適用
指揮命令	出向先	出向先（B社）の指揮命令の下で就労するので、その勤務管理、服務規律に服する
賃金	両社間の契約による	出向元（A社）と出向先（B社）の契約で決まる。代表的なものは次の２つ ① 出向先（B社）が支払う。ただし、出向前との差額があれば出向元（A社）が補填する ② 出向元（A社）が払い続ける（出向先が分担額を出向元に支払う）
退職金	両社	勤務年数は、A・B両社通算し、退職金は両社分担するのが一般的
労働基準法上の責任	項目により両社で分担	実質的権限をもつ会社が、義務と責任を負う。たとえば、出向先（B社）が労働時間管理をおこなうため、時間外・休日労働協定締結、届出の義務を負う
労働安全衛生法、労働災害補償、労災保険法	出向先	出向先（B社）が労働安全衛生法の事業者、労災保険法の事業主として負担
雇用保険法上の事業主	両社間の契約による	主として賃金を負担する会社が事業主となる

★就業規則の作成、届出は、A社またはB社がそれぞれの権限を有する範囲で責任を負う
★労働者名簿、賃金台帳の作成・記入等は、A社およびB社がそれぞれ責任を負う

CHECK
□出向者の雇用関係、労働条件等の取り決めは万全か？
➡出向者は出向元と出向先の両社と雇用関係がある。どちらの会社がなんの面倒をみるのか、出向契約書ではっきりさせておく

第4章

トラブルを防ぐ整理解雇の進め方

① 解雇の種類と有効要件

Q1 普通解雇・整理解雇・懲戒解雇の有効要件のちがいは

A 判例等に基づく解雇の有効要件は、図表１のように、解雇の種類により異なっています。

図表１　解雇の有効要件の比較

1　普通解雇	2　1のうち整理解雇	3　懲戒解雇
①　法定の解雇禁止事由（じゆう）に該当しないこと	①　同左	①　同左
②　30日以上前の解雇予告、または30日分の解雇予告手当（平均賃金日額）の支払い（労基法第20条）〔例外〕 ・労基署長の解雇予告除外認定 ・一定の臨時労働者	②　同左	②　同左
③　労働契約、就業規則、労働協約の解雇に関する規定を守ること	③　同左	③、④次の１〜６のすべてを守ること 1　処分の合理性・相当性の原則（違反行為が悪質・重大なこと） 2　就業規則の根拠規定とその厳守
④　解雇理由に合理性、相当性があること	④　次の４要件が必要 1　経営上の必要性 2　整理解雇をさける努力 3　被解雇者の選定の妥当性 4　労働組合または従業員と協議をつくす	3　過去にさかのぼっての処分の禁止 4　二重処分の禁止 5　就業規則の規定どおりの手続き 6　従業員本人に弁明（説明・言いわけ）の機会を与えること

解雇の禁止事由(じゆう)とは

各法律で、どのような理由や事実により従業員を解雇することが禁止されているのかについて教えてください。

> **A** 図表2のような場合には、解雇は認められません。

実質的に**図表2**のいずれかの理由で従業員を解雇することは、いっさい認められません。

例えば、その従業員の作業能率が著しく低いという理由で解雇したとしても、その本当の理由が外部の労働組合に個人加入したということであることがわかれば、その解雇は認められません。それが、**図表2**の③です。

図表2 法律で定められている解雇禁止事由

```
① 労働基準法で禁止
  a 業務上の負傷・疾病による休業期間、その後の30日間
  b 産前産後の休業期間、その後の30日間
  c 事業場の労働関係法令違反を労基署等に申告
  d 労働者の国籍、信条、社会的身分
  e 事業場の過半数代表者、労働委員会の労働者委員になること、なろ
    うとしたこと、正当な行為をしたこと等
② 男女雇用機会均等法で禁止
  a 解雇についての男女の差別的取扱い
  b 婚姻・妊娠、産前産後休業等の請求・取得
  c 女性の婚姻・妊娠・出産を退職理由とする定め(労働協約、就業規
    則、労働契約等)
  d 妊娠中および出産後1年以内の女性の解雇は無効
  e 男女労働者の都道府県労働局長への紛争解決援助の申出、調停の申請
③ 労働組合法で禁止
  ・労働組合の結成・加入、正当な活動
④ 育児・介護休業法で禁止
  ・育児・介護休業、看護休暇、介護休暇等の申請・取得
⑤ 公益通報者保護法で禁止
  ・公益通報(内部告発)
```

② 整理解雇

　整理解雇とは、企業の経営状況が悪化したときに、社員の一部を人員整理するために行う解雇です。

　②では、整理解雇の有効要件（会社の行う整理解雇はどのような要件を備えていれば有効と認められるのか）を具体的に説明します。

₃ 整理解雇の有効要件は

　整理解雇とは、どのようなものでしょうか。また、整理解雇が有効に成立するためには、どのような要件が必要とされるものでしょうか。

> **A** 各解雇に共通する図表3の4要件のほかに図表4の要件が加わります。

1　整理解雇の4要件とは

　企業の経営状況が悪化したときに、社員の一部を人員整理するために行う解雇のことを「整理解雇」と言います。しかし、考えてみれば、整理解雇とは、経営者の失敗によって引き起こされた事態ですから、社員には何らの責に帰すべき事由がないにもかかわらず、職を一方的に失わせるものです。したがって、整理解雇には法律的には厳しい要件が課されています。

　図表1の解雇（普通解雇、整理解雇、懲戒解雇）の共通有効要件の

うち、①解雇禁止事由に該当しないこと、②解雇予告を行うこと、③就業規則、労働契約、労働協約の規定を守ること、は当然必要です。

2 整理解雇の追加4要件とは

前述の共通4要件に加えて、④解雇理由の合理性、相当性を裏付ける具体的内容として、**図表4**の①～④の追加要件が必要です。最近は、これらについて、4要素説が主流となっており、整理解雇が有効か無効かを総合的に判断する上での要素と考える立場ですが、検討すべきポイントは同じです。

会社側が、従業員の整理解雇を行う場合に、**図表1**と**2**のすべての要件を満たしていれば、その整理解雇は法律上、有効とされます。

図表3　解雇（普通解雇、整理解雇、懲戒解雇）が有効と認められる共通4要件

① 法律で定められている解雇禁止事由（65頁**図表2**）に該当しないこと
② 従業員に解雇予告を30日以上前にするか、これに代わる解雇予告手当（30日分の平均賃金）を支払うこと（労基法第20条）
③ 就業規則や労働契約、労働協約に規定する解雇事由、解雇手続きに従っていること
④ 解雇理由に合理性、相当性があること

図表4　整理解雇の追加4要件

① 経営上、人員削減の必要性があること
　整理解雇を決定した後で、大幅な賃上げ、高配当、大量採用をするなど矛盾のある行動をした場合、解雇は無効
② 整理解雇をさける努力をしたこと
　賃金や雇用面での調整を行うなど、整理解雇しなくてもすむように手を尽くしたかどうか
③ 解雇対象者の選定が妥当であること
　多数の従業員のなかから、なぜその従業員を整理解雇の対象者に選定したのか、十分に説明できる基準と手続きが必要
④ 労働組合、従業員と協議を尽くしたこと
　労働協約に労働組合との協議条項がある場合はもちろん、ない場合でも、労働組合または従業員の代表者と事前に誠意をもって協議し、理解・協力を求めることが必要

整理解雇の際の「人員削減の必要性」の程度は

　整理解雇の有効要件である「経営上、人員削減の必要性があること」とは、どの程度の必要性をいうのでしょうか。

　例えば、人員削減をしなければ倒産するといった場合のことをいうのでしょうか。

 次の③程度でよいとされています。

　人員削減について、その企業にとって、どの程度の強い必要性が求められるかについては、次の3つの学説があります。

①　倒産の恐れがあること

②　前記①ほどではないが、客観的に高度の経営危機下にあること

③　前記②よりもゆるく、企業の合理的経営の必要上やむをえないこと

　最近の判例の傾向は、**図表5**のように経営者の判断を尊重し、③程度の必要性でよしとしています。

　ただし、整理解雇を実施した後で、大幅賃上げや高配当、または大量採用を行うなどの整理解雇と矛盾した行動をとった場合は、その整理解雇は無効とされます。

図表5　経営上の、人員整理の必要性の度合い

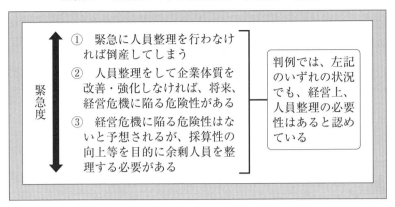

緊急度

① 緊急に人員整理を行わなければ倒産してしまう
② 人員整理をして企業体質を改善・強化しなければ、将来、経営危機に陥る危険性がある
③ 経営危機に陥る危険性はないと予想されるが、採算性の向上等を目的に余剰人員を整理する必要がある

判例では、左記のいずれの状況でも、経営上、人員整理の必要性はあると認めている

Q5　正社員の整理解雇と同時のパートの新規採用は認められるか

　当社では、正社員を整理解雇した前後にパートタイマーを雇い入れ、派遣社員を受け入れ使用しています。その後、整理解雇した正社員から、「新たな雇い入れができるくらいなら、自分たち正社員を解雇する必要はなかった」と訴えてきました。法的にはどう取り扱われるものでしょうか。

A 判例で認められています。

　会社が、これまで正社員に行わせてきた業務をパートタイマー（短時間労働者）や契約社員に行わせることは人件費の削減になります。
　そして、パートタイマーや契約社員等は正社員に比べ、業務量の増減に対応して人員、雇用量を調整することが容易です。
　また、派遣社員を受入れ使用した場合は、労務管理業務を派遣元会

社が行うので、人件費の削減や雇用量調整の容易さに加えて、労務管理業務を派遣元会社が行うので、自社の労務管理業務の合理化にもつながります。

　したがって、パートタイマー、契約社員を雇い入れたり、派遣社員を受入れ使用することは、必ずしも正社員を整理解雇することと直ちに矛盾しないと思われます。判例もこの点は認めています。

 6 整理解雇対象者の選定の合理性とは

　整理解雇がどのような手順で行われたら、解雇対象者の選定に合理性があると言えるのでしょうか。

　また、どのような選定基準であれば、合理性があると言えるのでしょうか。

A 整理解雇対象者の選定基準と実施手続きに合理性が求められます。

1　整理解雇対象者の選定の合理性とは

　整理解雇は、多数の社員の中から一部の者を選定し、人員削減を実施するわけですから、なぜその者が対象になったかを十分説明できる選定基準と手続きの合理性が必要です（**図表6〜8**）。

　具体的には

①　整理解雇基準が設けられていること

②　設けられた基準に合理性があること

③　基準が公平に適用されたこと

が、求められます。

　ただし、零細企業で、従業員数人程度の整理解雇を行う場合には、①の基準作成は必要ありません。

2　整理解雇対象者の選定基準の合理性とは

　裁判例において合理性が認められている選定基準は、次の①〜③のとおりです。
①　雇用形態からみて企業との関係の薄い者
　　これは、パートタイマー、契約社員など非正規社員を先に整理の対象にし、正社員を後にするものです。
②　企業の再建、維持のために貢献することの少ない者
　　整理解雇は企業の再建、維持のために行うものですから、その目的からして、選定基準には、企業秩序を乱す者、業務に協力しない者、職務怠慢な者、能力の低い者、欠勤の多い者、病弱な者、配転困難な者等があげられます。
　　裁判例でもこれらの基準自体には「合理性あり」としています。しかし、この基準は抽象的で使用者の評価により判断結果が左右されることから、使用者の評価の合理性、正当性が裁判で争われることが多々あります。
③　解雇されても生活への影響の少ない者
　　他の収入がある、共稼ぎで子どもがいないなどの場合はこれに該当します。
　　ただし、この場合、「有夫の女性」「30歳以上の女性」といった一般的な基準を設けることは、男女雇用機会均等法により結婚している女性の差別取り扱い、性別による差別取り扱いとなり、解雇は無効となるので注意してください。
　　実際に整理解雇の対象者を選定する場合には、一般の場合には、まず①の基準により、非正規社員を先にし、正社員を後にします。そして、正社員を整理対象とする場合には、前記②の基準

により選定します。

　さらに、②の点で評価が同程度の場合には③の基準で選別します。

　判例では、これらの取扱いは、一般的に合理性ありと認めています。

　ただし、人件費削減が急がれる場合には、人件費の高い正社員を先にし、パートタイマーなど人件費の安い非正規社員を後に解雇する方が「合理性あり」とする判例もあります。

図表6　整理解雇対象者の選定の基準

密着度	その従業員の雇用形態からみた会社との関係の深さ。正社員はパートタイマーや期間雇用者などより密着度が高いとみなされる
貢献度	その従業員が会社にどれだけ貢献しているかということ。会社の再建、維持にどれだけ役立つか、能力、出勤率、スキルなどから判断する
被害度	解雇によるその従業員の生活への影響の大きさ。世帯としてほかに収入があるか、病気の家族や子ども等をかかえているかどうか

図表７　具体的な整理解雇対象者選定の手順

1　**正社員か、非正規社員か**
正社員より関係の薄い非正規社員（パート、期間雇用者等）を先に解雇するのが一般的

注意　人件費削減が急がれる場合、正社員を先に解雇するほうが合理性があるとする判例もある

注意　基準があいまいだと、労使間で、使用者の評価自体の合理性、正当性が争われるおそれがある

2　**人事考課の評価が高い者か、低い者か**
評価の高さ＝貢献度の高さととらえられるので、前者を残すことは合理性がある

誠意をもって協議をつくすことが大事

3　**子どもをもつ者か、もたない者か**
共稼ぎで子どもがいない場合、被害度は比較的低いため、先に対象とするのが合理的

注意　「結婚している女性」「30歳以上の女性」などといった一般化した基準を設けるのは、男女雇用機会均等法上差別にあたり、解雇は無効になる

図表８　整理解雇対象者選定の合理性を判断する要素

①　整理解雇対象者の選定基準が設けられていること
②　設けられた基準に合理性があること
③　基準が公平に適用されていること

零細企業が、従業員数人程度の整理解雇を実施する場合、基準の作成までは求められないが、合理性、公平性は必要

③ パート・契約社員の解雇・雇止め全般

₇ 有期契約労働者の解雇・雇止めのしかたは

A 有期契約パート・期間雇用者の契約途中の解雇や雇止め（会社側による契約更新の拒否）は慎重にしてください。

1　ポイントは

　有期契約労働者（有期契約パート、期間雇用者（契約社員）、登録型派遣労働者等）とは、6か月、1年といったように期間を定めて雇われている労働者のことです。

　使用者は、契約期間中、やむをえない事由がなければ有期契約労働者を解雇できません。

　有期契約労働者は、原則として、その期間が終了するまでは、自分から退職することはできません。

2　有期契約期間中の解雇が認められる場合とは

　使用者は、有期労働契約（雇用期間の定めのある契約）期間中は、その労働者を、原則として、解雇できません。

　ただし、「やむを得ない事由」、つまり、**図表9**の事由がある場合にかぎって解雇が認められます（労働契約法第17条第1項）。

　その解雇が使用者の過失による場合は、労働者に残余期間分の賃金を支払わなければなりません。

図表9　有期契約労働者の解雇が認められる場合

① 著しい事業不振（整理解雇）
② 労働者の勤務状況劣悪（普通解雇）
③ 使用者または労働者の事故・重病（普通解雇）
④ 天災事変による事業の著しい損害の発生（整理解雇）
⑤ 労働者の著しい服務規律・企業秩序違反（懲戒解雇）等

3　解雇予告または解雇予告手当の支払いは

　労働契約期間が2か月以内の労働者を、その期間で解雇する場合は、30日以上前の解雇予告も、これに代わる解雇予告手当（30日分の平均賃金日額）の支払いも必要ありません。

　しかし、当初の契約期間が2か月以内であっても、契約更新等により事実上継続雇用期間が当初の契約期間を超えれば、労働基準法の解雇予告の規定が適用されます（労働基準法第21条）。

　したがって解雇の際には、30日以上前の解雇予告または30日分の解雇予告手当（平均賃金日額）の支払いが必要です（労働基準法第20条）。

4　契約期間中の労働者の自主退職は

　有期契約労働者は、原則として、契約期間が満了するまでは、自分から退職（辞職）することはできません。

　ただし、**図表10**の4つの場合には即日退職できます。

　有期契約労働者が**図表10**の4つの場合以外に、自分から一方的に退職した場合には、使用者は債務不履行を理由に損害賠償を請求できます（民法第415条）。

　ただし、使用者が損害賠償と未払い賃金とを相殺することは、賃金の全額払いの原則（労働基準法第24条）に反するので、認められません。

図表10　有期契約労働者が即日退職できる場合

① 採用時に明示された労働条件と事実が異なる場合（労働基準法第15条第2項）。
② その労働者に「やむを得ない事由（ケガ、病気など）がある場合（民法第628条）。
③ 雇用契約の中で契約期間中の退職を認めている場合。
④ 当事者間（使用者と有期契約労働者の間）で即日退職に合意した場合。

5　契約期間満了のときは

　労働者を、一定の期間を定めて雇用した場合は、その期間が満了すれば契約が自動的に終了し、退職となります。

　この場合は解雇ではないため、労働基準法上の解雇予告や解雇制限、または判例にもとづく解雇権濫用の問題は生じません。

　ただし、契約更新を何回もくり返した後の契約更新拒否（雇止め）は認められない場合が生じます。

CHECK
解雇の前にここを確認

□以下の解雇禁止の事由にあたらないか
●業務上の傷病による休業期間と、その後30日間
●産前6週間、産後8週間の休業期間と、その後30日間
➡以上の期間中でも、天災事変等のやむを得ない理由によって事業の継続が不可能となったときは解雇できる

□以下のような正当な解雇理由があるか
●事業の休廃止、縮小、再編成その他事業の運営上、やむを得ない
●休業、休職していた正社員の職場復帰、受注の減少等により人手があまる
●本人の身体や精神の故障等により、業務に耐えられないか、十分にできない
●勤務成績が不良で就業に適さない

●女性の婚姻、妊娠・産前産後休業等を退職、解雇の実質的な理由となっていない
□就業規則や労働契約書に解雇理由の定めはあるか
➡定めていれば、それ以外の理由では解雇できない
□30日前の解雇予告、または予告手当の支払いをしたか

●たび重なる無断欠勤・遅刻・早退・犯罪行為、重大な服務規律違反・経歴詐称等
➡正社員ほど厳格ではないが、パート等の解雇も正当な理由が必要。これを欠く場合、裁判で解雇権の濫用と判断され、解雇は無効になる（パート等の職場復帰と、それまでの間の賃金支払い等が命じられる）

④　退職・解雇時の手続き

Q8 使用者が行わなければならない、従業員の退職・解雇時の手続きは

A 従業員から求められたら、退職や解雇の証明書を出すことが必要です。

1　金品の返還、社会・労働保険等の手続きをする

　労働基準法第23条では、「使用者は、労働者の死亡または退職（解雇、雇止めなどを含む。）の場合において、権利者の請求があった場合においては、7日以内に賃金を支払い、積立金、保証金、貯蓄金その他名称の如何を問わず、労働者の権利に属する金品を返還しなければならない」と定めています。

　権利者とは、退職あるいは解雇される本人であり、本人が死亡した場合はその遺産相続人のことです。

　賃金については、通常の支払日以前でも、権利者から請求があれば7日以内に支払わなければなりません。逆に、請求がなければ、金品の返還時期は会社の都合に合わせられます。

　退職時には社会・労働保険等の手続きをおこなう必要もあります。これらも、すみやかに処理しましょう。

2　従業員から請求があれば証明書を交付する

　退職する従業員が退職証明書を請求した場合、会社は遅滞なくこれ

を交付しなければなりません（労働基準法第22条）。解雇予告された従業員が、解雇の理由を書いた解雇理由証明書を求めた場合も、これを交付するのが会社の義務です。

　従業員が、これらの証明書を請求する場合は、退職・解雇無効等の民事訴訟を提起する可能性が高いので、慎重に対応してください。

図表11　退職・解雇のときの手続き

1　金品の返還
やめる本人、または遺産相続人の請求があれば、7日以内に返還。ただし、退職金は、就業規則などで支払い時期を明確に定めておき、その月日に支払えばよい。たとえば退職後3か月でも、年金でも問題ない

2　雇用保険の手続き
退職者がハローワークで失業給付の受給手続きをする際は、「雇用保険被保険者証」と「雇用保険被保険者離職票1、2」が必要。「被保険者証」を会社が預かっている場合は、退職者に返す。また、退職者の「離職票」はできるだけ早く自宅に送る

3　健康保険の手続き
退職者に健康保険証（遠隔地の扶養家族分も含む）を返還させ、脱退手続きをおこなう。退職者が資格喪失後※の継続給付を希望する場合には、会社は必要な書類に医師の証明を受けさせて提出させる

4　厚生年金保険の手続き
年金手帳（会社に保管）は必ず退職者に返還する。従業員または会社が紛失した場合は、社会保険事務所から再発行してもらう

※資格喪失日の前日までに継続して1年以上、被保険者であれば、今まで受けていた傷病手当等の療養の給付を引き続き、受けられる

図表12　退職・解雇の証明書とは？

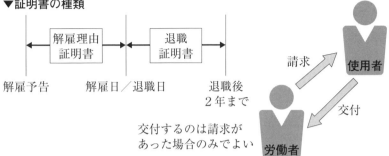

▼証明書の種類

| ← 解雇理由証明書 → | ← 退職証明書 → |

解雇予告　　　　　解雇日／退職日　　　　退職後2年まで

交付するのは請求があった場合のみでよい

請求　使用者
交付　労働者

▼解雇理由証明書に
　記載する内容

- ●解雇予告日
- ●解雇日
- ●解雇の理由

注意

解雇理由に合理性・相当性があるか争いになることもあるので、よく検討して記載する

▼退職証明書に記載する内容

- ●会社に在籍していた期間
- ●従事していた業務の種類
- ●役職名
- ●賃金額
- ●退職または解雇の理由

注意

これらのうち、労働者が請求したことだけを記載する。労働者が請求しないことを記載してはならない

第5章

雇用保険給付（基本手当等）の
上手なもらい方

◈◈

1　失業給付（基本手当等）の対象者、給付の日額・日数

◈◈

 在職中、どのくらいの期間、雇用保険に加入していれば、失業した場合に、基本手当等をもらえるのか

A その労働者の離職理由により、次の1～3のように異なります。

1　特定受給資格者（倒産・解雇等による離職者）の場合は

　特定受給資格者が基本手当をもらうには、会社を辞めた日（離職日）以前の1年間に、雇用保険に加入していた期間（被保険者期間）が6か月以上あることが必要です。

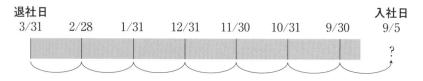

退社日　　　　　　　　　　　　　　　　　　　　　　　　　　　　　　入社日
3/31　　2/28　　1/31　　12/31　　11/30　　10/31　　9/30　　9/5
　　　　　　　　　　　　　　　　　　　　　　　　　　　　　　　　　　？

賃金支払いの基礎となった日数（勤務日数）が11日以上であった月を1か月として計算する。被保険者期間を計算する場合、退社日（離職日）の翌日（資格喪失日）から1か月ずつさかのぼって計算するので、注意する。

賃金支払いの基礎となった日数（勤務日数）が1か月に満たない場合は、期間が15日以上あり、賃金支払基礎日数が11日以上あれば、2分の1か月として計算される。

2　転職した特定受給資格者の場合は

　A社に2か月間勤務した人が倒産・解雇等により離職した場合に、

この人がA社の前にB社に4か月間勤務しており、その両方を通算した6か月間が、A社を辞めた日からさかのぼって1年以内であれば、基本手当をもらえます。

3 一般受給資格者（自己都合・定年退職・契約期間満了等による離職者）の場合は

離職の日以前2年間に雇用保険に加入していた期間が12か月以上であれば、基本手当をもらえます。

上記1〜3のいずれの者についても、在職中、1週間の所定労働時間が20時間以上であった離職者に限られます。また、「1か月に賃金支払いの基礎となる日が11日以上である期間」を「1か月」として計算します。

雇用保険の失業給付（基本手当）の日額・給付日数は

A 日額は在職中の賃金の45〜80％、給付日数は離職理由、離職時の年齢、被保険者期間により決まります。

1　離職者に支給される基本手当とは

　一定以上の加入期間のある雇用保険の被保険者が離職し、仕事に就きたくても就けない失業状態にある場合、一般被保険者に対しては求職者給付の基本手当が支給されます。

2　基本手当の日額は

　基本手当の日額は、離職前6か月間の賃金の45〜80％です。年齢区分ごとに上限額が定められていて、在職中、賃金が低かった離職者ほど高率になります。

3　基本手当の所定給付日数は

　基本手当の所定給付日数は、その離職者の離職の理由や離職時の年齢、被保険者期間（雇用保険の被保険者であった期間）等によって決定され、90〜360日間とさまざまです（**図表1**）。

図表1 基本手当の所定給付日数

区分 ＼ 被保険者であった期間	1年未満	1年以上 5年未満	5年以上 10年未満	10年以上 20年未満	20年以上
1 倒産・解雇などによる離職者（下記3を除く）：特定受給資格者・特定理由離職者					
30歳未満	90日	90日	120日	180日	―
30歳以上35歳未満		120日	180日	210日	240日
35歳以上45歳未満		150日		240日	270日
45歳以上60歳未満		180日	240日	270日	330日
60歳以上65歳未満		150日	180日	210日	240日
2 自己都合、定年退職などによる離職者（下記3を除く）：一般離職者					
全 年 齢	―	90日		120日	150日
3 障害者などの就職困難者					
45歳未満	150日	300日			
45歳以上65歳未満		360日			

4 雇用保険給付と厚生年金との調整とは

その離職者が、60歳以上で老齢厚生年金の受給資格もある場合には、この年金と雇用保険給付のどちらか1つを受給している間、ほかの給付は支給停止となります。

雇用保険の基本手当の受給期間は、原則として、離職した日の翌日から1年間に限られているため、まず基本手当をもらい、その後老齢厚生年金をもらうようにするのが一般的です。

$_3$　基本手当の給付日数等に差がつく具体的な理由は

A 倒産・解雇・雇止め（会社側による雇用契約更新の拒否）などによる離職の場合には給付日数が長く、自己都合・定年退職などの場合には短かくなります。

　特に、倒産・解雇等により離職を余儀なくされた「特定受給資格者」や、やむを得ない理由により離職した「特定理由離職者」については、より手厚い給付となります（87頁**図表1**参照）。

1　特定受給資格者の優遇とは

CHECK！

□会社が倒産した
□事業所が縮小・廃止となった
□事業所が移転し、通勤困難
□解雇された（重大な自己責任によるものを除く）
□労働契約の内容と実際の労働条件が著しく違った
□2か月以上、賃金の一定割合以上が支払われなかった
□急激に賃下げされた
□休業が続いた
□法定基準を超えた長時間の時間外労働を強いられていた
□健康を害するおそれがある状態を改善してもらえなかった
□期間の定めのある雇用契約の更新が繰り返され3年以上勤めていた、あるいは契約の際に更新が明示されていたにもかかわらず、突然契約終了に追い込まれた
□セクハラ、パワハラがあった
□退職勧奨に応じて退職した（「早期退職優遇制度」等に応募して離職した場合を除く）
□違法な業務に就かされた

1つでもあてはまれば「特定受給資格者」に該当する。当初3か月間の給付制限（停止）はなく、勤続年数によっては一般の離職者よりも給付日数が長くなる。

2　特定理由離職者の優遇とは

A　非正規労働者の雇止め	B　正当な理由のある自己都合による離職者
雇用期間の定めのある契約で、「契約の更新をする場合がある」などと示され、労働者もそれを希望していたが、契約期間の終了時に更新がなかった。	体力の不足、ケガや病気、家族の介護をはじめとする家庭の事情等、自己都合退職でも、正当な理由があると認められる場合。

①当初３か月間の給付制限（停止）がない。
②所定給付日数が特定受給資格者と同様になる（離職日が一定期間の間の者に限定される）。
③正当な理由のある自己都合による離職者は、離職前１年間の被保険者期間が６か月以上で特定受給資格者と同じ取扱いになる。

>❖

② 失業給付（基本手当等）の上手なもらい方

>❖

Q_4 失業給付の受給資格決定のしかたは

A ハローワーク（公共職業安定所）の窓口で、本当に「失業している」のかを確認されたうえで、受給資格が決定されます。

1 もらえるのは求職活動者のみ

　雇用保険の基本手当は、その離職者が①一定期間以上の被保険者期間（勤務し、保険料を支払っていた期間）があることに加え、②十分に働ける状態である人が、働く場を求めて求職活動しているにもかかわらず失業の状態にあることが要件になります。

　働くことができない、あるいは積極的な求職活動をしていない人は、基本手当はもらえません。

2 基本手当をもらえる人（受給資格のある人）とは

　次の(1)と(2)の２つの要件を満たしている人です。

(1) **離職の日以前の一定期間に、一定以上の被保険者期間があること**

　① 特定受給資格者および特定理由離職者

　　離職の日以前１年間に、被保険者期間（勤務期間）が通算して６か月以上

　② ①以外の者

離職の日以前 2 年間に、被保険者期間が通算して12か月以上

〈Point〉　賃金支払いの基礎となる日数（勤務日数）が11日以上あった月を「1 か月」として計算する。

⑵　**働らく意思や能力、努力に反して「失業」の状態にあること**

　就職しようとする積極的な意思と、いつでも就職できる能力があり、ハローワークで求職の申込みを行っているが、本人やハローワークの努力によっても職業に就けない「失業の状態」にあること。

3　基本手当をもらえない人とは

基本手当をもらえないのは、

A　上記 2 ⑴の被保険者期間が足りない人、または、

B　上記 2 ⑴の期間は足りているが、**図表 2** のように上記 2 ⑵に反する人、です。

図表 2　働く意思、能力、状態にない者

① 病気やケガ、妊娠・出産・育児、親族の看護専念等のため、すぐに就職できない
② 定年等で退職して、しばらく休養する
③ 結婚により家事に専念する
④ すでに自営業（準備を含む）を始めた
⑤ すでに新しい仕事に就いた（パート、アルバイト等を含み、収入の有無を問わない）
⑥ 会社・団体の役員に就任した（就任予定や名義だけの場合も含む）
⑦ 学業に専念する

4　基本手当をもらえない人へのアドバイスは

⑴　基本手当がもらえない人（**図表 2**）のうち同図表の①、②の人については、受給期間を延長できる制度があります。基本手当の受給期間は、離職した日の翌日から、原則として 1 年間です。しかし、①と②の理由でその間に30日以上働くことができないときは、ハ

ローワークに申し出て手続きをとれば、その日数分だけ、受給期間を延長することができます。

(2)　すでに、再就職が決まっている人は、失業状態ではないので、基本手当はもらえません。ただし、受給期間中に再就職先を退職するなどして再び失業状態になったときは、その時点で受給手続きができる場合があるので、離職票は大切に保管しておきましょう。

　なお、会社を辞めた日の翌日から1年以内に、基本手当をまったく受給しないで、再就職し再び雇用保険の被保険者になった場合は、前の会社での「被保険者として雇用されていた期間」と再就職後の「被保険者として雇用されていた期間」が通算されます。このため、再就職先に「雇用保険被保険者証」を提出します。

5　基本手当をもらう手順・もらうまでの期間は

A まず、会社から離職票をもらい、ハローワークに求職申込みすることが必要です。

1　会社の離職から基本手当をもらうまでの手順、もらうまでの期間は

手順は**図表3**のとおりです。

ハローワーク（公共職業安定所）に求職申し込みしてから基本手当をもらうまでの期間は、倒産・解雇による離職者で、離職後1か月半後です。また、自己都合退職者で、離職後約4か月後です。

2　まずハローワークに求職申込みを

基本手当をもらうためには、まず、自分の住所地を担当するハロー

ワークに**図表4**の書類等を提出し、求職（再就職先の会社をさがすこと）の申込みをすることが必要となります。

図表3　会社を離職してから基本手当をもらうまでの手順

倒産・解雇離職者の手順　　　自己都合離職者の手順

①会社を離職した日
↓ 1週間程度
②会社から離職票が届く
↓ 数日
③ハローワーク：受給資格決定手続き
↓ （7日間）
④待期期間（7日間）
↓ 1〜2週間
⑤ハローワーク：雇用保険受給説明会
↓ 1〜2週間
⑥ハローワーク：第1回失業認定日

倒産・解雇離職者：約1か月半（4週間）

自己都合離職者：約4か月

給付制限3か月間　自己都合離職者

倒産・解雇離職者
↓ 数日
⑦基本手当(第1回認定分、3週間分)振込み
↓ 第1回失業認定日から4週間
⑧ハローワーク：第2回失業認定日
↓ 数日
⑨基本手当(第4回認定分、4週間分)振込み

自己都合離職者
↓
⑦給付制限（3か月間）
↓ 1〜3週間
⑧ハローワーク：第2回失業認定日
↓ 数日
⑨基本手当(第2回認定分、1〜3週間分)振込み
↓ 第2回失業認定日から4週間
⑩ハローワーク：第3回失業認定日
↓
⑪基本手当(第3回認定分、4週間分)振込み

図表4　受給資格決定の際の必要書類

---

① 　雇用保険被保険者離職票1・2
② 　雇用保険被保険者票
③ 　印鑑
④ 　住民票または運転免許証（その他住所と年齢を確認できる官公署発
　　行の書類）
⑤ 　写真1枚（3cm×2.5cm程度の正面上半身のもの）
⑥ 　本人名義の普通預金通帳（外資系金融機関以外のもの）

 Q₆ 基本手当を早く、長期日数もらう方法は

A 離職理由が解雇・雇止めなどであることです。

1）その労働者の会社を離職する理由が、

　Ⓐ「解雇・雇止め（使用者による契約更新拒否）など」であると、

　Ⓑ「自己都合・定年・契約期間満了など」である

場合に比べて、

　①基本手当を、最長で90日～180日分長くもらえる（87頁**図表1**参
　　照）

　②基本手当をもらいはじめる当初3か月間の給付制限（支給停止）
　　がない（93頁**図表3**参照）

などの利点があります。

2）上記1）のようにⒶの理由による離職者を優遇しているのは、こ
　れらの者は、当人は引き続き雇用継続して働きたいにもかかわら
　ず、本人に責任のない会社側の理由で、突然、一方的に仕事を失う
　ことになった人達であるからです。

3）その労働者の離職理由については、①まず、会社が当人の離職票

　に記載し、その離職票を当人に送付します。

②当人は、その離職票を持参して、ハローワークに提出し、求職の
　申し込みをし、雇用保険の受給資格決定の手続きを行います。

③上記②の際に、ハローワークの担当官が、当人の提出した離職票
　に記載されている「離職理由」にもとづいて判断し、基本手当の
　給付日数、給付制限（給付当初の３か月間の支給停止）を行うか
　否かを判断し、決定します。

４）雇用保険給付（基本手当等）をもらうことを希望する離職者は、
　次の点に十分注意し、行動してください。

①会社を離職する場合には、できれば、前記Ⓐ（解雇・雇止めな
　ど）の理由で離職すること。

②会社の離職票を作成する社員に、上記の①のⒶの理由で離職した
　とおり記載するように確認すること。

③会社から「離職票」が当人の自宅に送付されてきたら、「離職理
　由」の記載内容を確認し、事実と違っていたら、事実どおりに記
　載内容を修正してもらうこと。

④会社に修正を依頼しても修正してくれない場合には、ハローワー
　クで雇用保険の受給資格決定手続きを行う際に、担当官に事情を
　話して、真実の離職理由に判断・決定してもらうこと。

第6章

雇用調整助成金(休業給付)の上手なもらい方
～新型コロナウイルス不況対応の労働者の休業に伴う、事業主に対する助成金～

まえがき

1）本章は、雇用調整助成金（休業）の緊急対応期間（令和2年4月1日〜6月30日）に、事業主が労働者に休業（自宅待機）を命令・実施し、労働基準法第26条に定める休業手当（平均賃金日額の60％以上）を支払った場合に、国からその事業主に対して支給される助成金の支給要件や助成額、申請方法等をわかりやすく解説したものです。

2）上記1）以外の期間に労働者に休業（自宅待機）を実施した場合は助成額等が異なります。

3）このほか、事業主が教育訓練、出向等を実施した場合等については、厚生労働省の雇用調整助成金についてのホームページを参照してください。

4）この助成金は、偽りその他不正の行為により助成金の支給を受け、または受けようとした事業主、申請期限経過後に申請を行った事業主、支給要件に該当しない事業主に対しては、支給されません。

5）本章の雇用調整助成金については、厚生労働大臣等の発言として、以下のようなことが次々とマスコミを通じて流されています。

　　・申請書類を半減する。

　　・中小企業に対する助成率を「10分の9」から「10分の10」に拡大する。

　　・助成対象となる平均賃金日額の上限（8,330円）を15,000円に引き上げる。

　しかし、このような発言からハローワーク（公共職業安定所）や労働局での実際の取扱いの開始までには、相当の遅れがあります。また、当初の発表内容と実際の取扱いが異なることもあります。これらについては、ご自分が実際に受給申請するハローワーク（公共職業安定所）または労働局の窓口に、申請書類を作成する直前に確認してから対応してください。

1 雇用調整助成金(新型コロナウイルス対応の休業給付)の早わかり

Q₁ 雇用調整助成金（休業給付）のあらましは

A コロナ対応の特例として、中小企業には、事業主が労働者に支払った休業手当の90％を助成。

1 雇用調整助成金（休業給付）とは

企業が、労働者を一時的に休業させて、労働基準法に定める休業手当（平均賃金日額の60％以上）を支払った場合に、その事業主に対して国が助成する制度です。

2 助成率は

新型コロナの感染症拡大に伴い、特例として助成率を引き上げました。具体的には、労働者を一人も解雇しない中小企業の場合、休業手当の90％（通常66％）、大企業は75％（同50％）を補助します。

3 補助金額の上限は

助成金の支給には労働者一人当たり「一日8,330円」の上限があります。例えば、その事業主が、月給を450,000円支給している労働者の場合、270,000円の休業手当を払うとすると、事業主が助成金で賄える分は月20日出勤として166,600円が上限となります。その場合、残りの100,000円強は企業負担となるのです。

4　具体的な補助金額は

　例えば、中小企業が、本来の月給250,000円だった労働者を休ませ、60％に当たる150,000円を休業手当として支払う場合、雇用調整助成金で90％の135,000円が支払われます。企業負担は残りの15,000円ですむことになります。

5　雇用調整助成金の申請先・問合せ先は

　もよりのハローワーク（公共職業安定所）または都道府県労働局です。

6　提出書類は

　(1)と(2)のとおりです。

(1)　事前の計画届の提出に必要な書類（休業給付）　令和2年6月30日まで事後提出可

	書類名	備考
①	様式第1号（1）休業届実施計画（変更届）	
②	様式第1号（2）雇用調整事業所の事業活動の状況に関する申出書	【添付書類】「売上」がわかる既存書類の写しでも可（売上簿、営業収入簿、会計システムの帳簿等）
③	休業協定書	【添付書類】（労働組合がある場合）組合員名簿（労働組合がない場合）労働者代表選任書※事後提出の場合、実績一覧表の署名または記名・押印があれば省略可
④	事業所の規模を確認する書類	既存の労働者名簿及び役員名簿で可※中小企業の人数要件を満たしている場合、資本額を示す書類は不要

※　②～④は2回目以降の提出は不要

(2) 支給申請に必要な書類（休業給付）

	書類名	備考
①	様式第特第6号 支給要件確認申立書・ 役員等一覧	計画届に役員名簿を添付した場合は不要
②	様式第7号または10号 （休業等）支給申請書	自動計算機能付き様式
③	様式第8号または11号 助成額算定書	自動計算機能付き様式
④	様式第9号または12号 休業・教育訓練実績一 覧表	自動計算機能付き様式
⑤	労働・休日の実績に関する書類	ア．出勤簿、タイムカードの写しなど 　（手書きのシフト表などでも可） イ．就業規則または労働条件通知書の写しなど
⑥	休業手当・賃金（注）の実績に関する書類	ア．賃金台帳の写しなど 　（給与明細書の写しなどでも可） イ．給与規定または労働条件通知書の写しなど

（注）労働基準法第24条により事業主に支払義務のあるもの

　ハローワークなどで、以上のほか、審査に必要な書類の提出を求められる場合があります。

② コロナ対応特例措置の拡充の内容

Q2 新型コロナウイルス感染症についての雇用調整助成金（休業給付）の特例措置の拡充とは

A 新型コロナウイルス感染症についての特例措置として、令和2年4月1日から6月30日までを緊急対応期間と位置付け、感染拡大防止のため、この期間中は、日本全国において次のとおり、さらなる特例措置が実施されます。

コロナ特例以外の場合の 雇用調整助成金	緊急対応期間 （令和2年4月1日から6月30日まで） 感染拡大防止のため、この期間中は 日本全国で以下の特例措置を実施
経済上の理由により、事業活動の縮小を余儀なくされた事業主	新型コロナウイルス感染症の影響を受ける事業主（全業種）
生産指標要件 （3か月10％以上低下）	生産指標要件を緩和 （1か月5％以上低下）
雇用保険の被保険者が対象	雇用保険被保険者でない労働者の休業も助成金の対象に含める
助成率2/3（中小）1/2（大企業）	助成率　4/5（中小）、2/3（大企業） （解雇等を行わない場合は9/10（中小）、3/4（大企業））
計画届は事前提出	計画届の事後提出を認める （令和2年1月24日〜6月30日まで）
1年のクーリング期間が必要	クーリング期間を撤廃
6か月以上の被保険者期間が必要	被保険者期間要件を撤廃
支給限度日数 1年間に100日、3年間に150日	同左＋上記対象期間
短時間一斉休業のみ	短時間休業の要件を緩和
休業規模要件　1/20（中小）、1/15（大企業）	併せて、休業規模要件を緩和 1/40（中小）、1/30（大企業）
残業相殺	残業相殺を停止
教育訓練が必要な被保険者に対する教育訓練 助成率　2/3（中小）1/2（大企業） 加算額1,200円	助成率　4/5（中小）、2/3（大企業） （解雇等を行わない場合は9/10（中小）、3/4（大企業）） 加算額　2,400円（中小）、1,800円（大企業）

※右欄は緊急対応期間における拡大措置

③　助成金の支給対象となる事業主・期間・日数・休業

休　業

　この助成金の対象になる休業とは、労働者がその事業所において、所定労働日に働く意思と能力があるにもかかわらず、労働することができない状態をいいます。したがって、年次有給休暇中やストライキのように、その労働者に労働の意思そのものがない場合や、新型コロナウイルスに感染した場合等による休暇中のように労働能力を喪失している場合等の休職・休業は、この助成金の支給対象となりません。

Q₃ 助成金の支給対象となる事業主は

A この助成金を受給する事業主は、次の1と2の要件を満たしていることが必要です。また、次の3に該当していないことが必要です。

1　雇用調整の実施が必要

　この助成金の特例は、「新型コロナウイルス感染症の影響」により、「事業活動の縮小」を余儀なくされた場合に、その雇用する対象労働者の雇用の維持を図るために、「労使間の協定」に基づき「雇用調整（休業）」を実施する事業主が支給対象となります。具体的には、上記の下線部についてそれぞれ次のア～ウを満たしていることが必要です。
ア　「新型コロナウイルス感染症の影響」とは

「新型コロナウイルス感染症の影響」とは、以下のような理由により経営環境が悪化し、事業活動が縮小していることをいいます。

【理由の一例】

① 観光客のキャンセルが相次いだことにより、客数が減り売上が減少した。

② 市民活動が自粛されたことにより、客数が減り売上が減少した。

③ 行政からの営業自粛要請を受け、自主的に休業を行ったことにより、売上が減少した。

など

イ 「事業活動の縮小」とは

売上高または生産量などの事業活動を示す指標の最近1か月間の値が、前年同月比（※）5％以上減少していること。

※事業所を設置して1年に満たず前年同期と比較できない場合、または、前年同期に実質稼働していなかった場合は、令和元年12月との比較

※災害その他やむを得ない事情で比較対象月にすることが適当でない場合は、前々年同月との比較

ウ 「労使間の協定」とは

この助成金は、雇用調整（休業）の実施について労使間で事前に協定し、その決定に沿って雇用調整を実施することを支給要件としています。労使協定は、労働者の過半数で組織する労働組合がある場合にはその労働組合、ない場合には労働者の過半数を代表する者との間で書面により行う必要があります。

2 その他の要件は

この助成金を受給する事業主は、上記のほかに、次の①～③の要件を満たしていることが必要です。

① 雇用保険適用事業主であること。

② 「受給に必要な書類」について、

　　a　整備し、

　　b　受給のための手続に当たって労働局またはハローワーク（以
　　　下「労働局等」と略す。）に提出するとともに、

　　c　保管して労働局等から提出を求められた場合にそれに応じて
　　　速やかに提出すること。

③ 労働局等の実地調査を受け入れること

3　助成金不支給の要件は

　この助成金を受給する事業主は、次の①～⑨のいずれの場合にも<u>該
当していないこと</u>が必要です。

① 平成31年3月31日以前に申請した雇用関係助成金について不正
　受給による不支給決定又は支給決定の取り消しを受けたことがあ
　り、その不支給決定日又は支給決定取消日から3年を経過してい
　ない。

② 平成31年4月1日以降に申請した雇用関係助成金について不正
　受給による不支給決定又は支給決定の取り消しを受けたことがあ
　り、その不支給決定日又は支給決定取消日から5年を経過してい
　ない。

③ 平成31年4月1日以降に申請した雇用関係助成金について不正
　受給に関与した役員等がいる。

④ 支給申請日の属する年度の前年度より前のいずれかの保険年度
　における労働保険料の滞納がある。

⑤ 支給申請日の前日から起算して過去1年において、労働関係法
　令違反により送検処分を受けている。

⑥ 暴力団又は暴力団員又はその関係者である。

⑦ 事業主等又は事業主等の役員等が、破壊活動防止法第4条に規
　定する暴力主義的破壊活動を行った又は行う恐れがある団体等に

属している。

⑧　倒産している。

⑨　雇用関係助成金について不正受給を理由に支給決定を取り消された場合、労働局が事業主名等を公表することに承諾していない。

 Q_4 助成金支給の対象となる期間と日数は

A この助成金は、次の1～5によって定められた期間と日数について受給できます。

1　助成金の対象期間は

　この助成金は、1年の期間内に実施した従業員の休業について支給対象となり、この期間を「対象期間」といいます。

　休業を行う場合は、この助成金を受給しようとする事業主が指定することができます（例えば、雇用調整の初日から1年間、暦月（1日から月末まで）で12か月分など）。

2　クーリング期間は

　通常は1つの対象期間の満了後、引き続きこの助成金を受給する場合、その満了の日の翌日から起算して1年間以上空けないと、新たな対象期間を設定することができません（「クーリング期間」）。

　しかし、緊急対応期間に実施した休業について、この適用はありません。

3　判定基礎期間は

　企業が雇用労働者に休業を行う場合、原則として、対象期間内の実

績を1か月単位で判定し、それに基づいて支給がなされます。この休業の実績を判定する1か月単位の期間を「判定基礎期間」といいます。

　「判定基礎期間」は、原則として、毎月の賃金の締め切り日の翌日から、その次の締め切り日までの期間です。ただし、毎月の賃金の締め切り日が特定されていない場合などは暦月とします。

4　支給対象期間は

　この助成金は、企業が「対象期間」の中の一定期間分ごとに雇用調整の計画を策定して労働局またはハローワークへ届け出し、その計画に基づいて実施した雇用調整の実績に応じて支給申請を行います。

　企業が休業を行う場合の計画届や支給申請の単位となる一定期間を「支給対象期間」といいます。「支給対象期間」は、1つの「判定基礎期間」、又は連続する2つないし3つの「判定基礎期間」のいずれかを事業主が毎回の届出ごとに選択することが可能です。

5　支給限度日数は

　この助成金を受けることができる支給限度日数は、<u>1年間で100日分、3年間で150日分が上限</u>となります。

　ただし、<u>緊急対応期間中に実施した休業は、この支給限度日数とは別に支給を受けることができます。</u>

ア　支給日数の計算方法

　この場合の支給日数の計算において、休業を実施した労働者が1人でもいた日を「1日」とカウントするのではなく、休業の延べ日数を、休業を実施する事業所の労働者のうちこの助成金の対象となりうる「対象労働者」人数で除して得た日数を用います。

例）事業所における対象労働者10人うち6人×休業5日＝30人日／10人＝支給日数3日

４　雇用調整助成金（休業）の助成金額

 助成金額は

A 労働者の休業を実施した場合の助成金額は、次の①に②を乗じた金額です。

① 休業を実施した場合に支払った休業手当に相当する額（※）

② 助成率（中小企業：$\frac{4}{5}$、大企業：$\frac{2}{3}$）（解雇等を行わない場合（中小企業：$\frac{9}{10}$、大企業：$\frac{3}{4}$））

ただし、１人１日当たり雇用保険基本手当日額の最高額（令和２年３月１日時点で8,330円）を上限額とします。

※ 実際は、前年度１年間における雇用保険料の算定基礎となる賃金総額を、前年度１年間における１か月平均の雇用保険被保険者数及び年間所定労働日数で割った額に、休業手当の支払い率をかけて算出します。

⑤　助成金受給の手続き

Q6 助成金受給の手続きの流れは

A この助成金の受給の手続きは、おおむね次図のような流れとなります。

特例として、計画届の提出は休業の実施後（事後提出）でも可能です

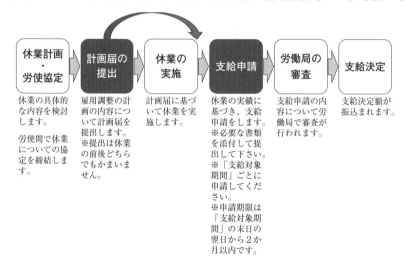

休業計画・労使協定	計画届の提出	休業の実施	支給申請	労働局の審査	支給決定
休業の具体的な内容を検討します。 労使間で休業についての協定を締結します。	雇用調整の計画の内容について計画届を提出します。 ※提出は休業の前後どちらでもかまいません。	計画届に基づいて休業を実施します。	休業の実績に基づき、支給申請をします。 ※必要な書類を添付して提出して下さい。 ※「支給対象期間」ごとに申請してください。 ※申請期限は「支給対象期間」の末日の翌日から2か月以内です。	支給申請の内容について労働局で審査が行われます。	支給決定額が振込まれます。

　なお、計画届の提出や支給申請は、事業所の所在地を管轄する都道府県労働局またはハローワークとなります。また、郵送での提出も可能です。

Q7　助成金の支給対象となる「労働者の休業」とは

A この助成金は、Q3のAの支給対象となる事業主が、次の1に該当する「対象労働者」に対して実施した、2〜4に該当する休業が助成対象となります。

1　対象労働者とは

　この助成金の「対象労働者」は、Q3のAの「支給の対象となる事業主」に雇用されている雇用保険被保険者（次の①、②を除く）です。ただし、雇用保険被保険者以外の人は、要件を満たした場合「緊急雇用安定助成金」の支給対象となります。

①　解雇を予告されている人、退職願を提出した人、事業主による退職勧奨に応じた人（離職の日の翌日に安定した職業に就くことが明らかな人を除きます）（注：それらの事実が生じた日までの間は対象労働者として扱います）

②　日雇労働被保険者

※　特定求職者雇用開発助成金等の支給対象となる人が、雇用調整助成金の支給対象となった場合、併給調整が行われます。

2　労働者の休業とは

　この助成金の対象となる労働者の「休業」は次の①〜⑥のすべてを満たす必要があります。

①　労使間の協定によるものであること。

②　事業主が自ら指定した対象期間内（1年間）に行われるものであること。

③　判定基礎期間における対象労働者に係る休業の実施日の延日数

が、対象労働者に係る所定労働延日数の$\frac{1}{40}$（大企業の場合は$\frac{1}{30}$）以上となるものであること（休業等規模要件）。

（例）判定基礎期間における所定労働延日数が22日、「所定労働時間」が1日8時間の事業所において、10人の労働者が1日ずつ休業をする場合、「休業延べ日数」は10人×1日＝10人日となります。この場合、10/220＞1/40となるため、当該要件を満たすこととなります。

④　休業期間中の休業手当の額が、労働基準法第26条の規定（平均賃金日額の60％以上）に違反していないものであること。

⑤　所定労働日の所定労働時間内において実施されるものであること

⑥　所定労働日の全1日にわたるもの、または所定労働時間内にその事業所における部署・部門ごとや、職種・仕事の種類によるまとまり、勤務体制によるまとまりなど一定のまとまりで行われる1時間以上の短時間休業または一斉に行われる1時間以上の短時間休業であること。

短時間休業の取扱いは

○　緊急対策期間中は、次のような一定のまとまりで行われる短時間休業も支給対象となります。
　①　立地が独立した部門ごとの短時間休業（部署・部門ごとの休業）
　　例）客数の落ち込んだ店舗のみの短時間休業、製造ラインごとの短時間休業
　②　常時配置が必要な者を除いた短時間休業（職種・仕事の種類ごとの休業）
　　例）ホテルの施設管理者等を除いた従業員の短時間休業
　③　同じ勤務シフトの労働者が同じ時間帯に行う短時間休業（勤務体制ごとの短時間休業）
　　例）8時間3交替制を6時間4交代制にして2時間分を短時間休業

Q8 休業の「計画届」に添付する書類は

A 事業主が、労働者の休業を行う場合、事前の計画（変更）届の提出に必要な書類は、次表のものです。

書類の種類		提出時期
様式第1号(1)	休業等実施計画（変更）届	●
様式第2号(2)	雇用調整実施事業所の事業活動の状況に関する申出書	○
確認書類①	休業協定書	○
確認書類②	事業所の状況に関する書類	○

● 判定基礎期間ごとに提出する書類
○ 初回の提出のみでよい書類

1 添付書類（雇用調整実施事業所の事業活動の状況に関する申出書）は

① 生産指標の確認のための書類

最近1か月分及び前年同月分の売上高、生産高又は出荷高を確認できる書類

既存の「売上簿」「営業収入簿」「会計システムの帳票」など。写しでも可。

2 確認書類①（休業協定書）は

① 雇用調整の実施について労働組合等との間で締結した労使協定書

労働者の休業を実施する場合は「休業協定書」。次ページの表に示す事項が記載されていることが必要。

② 　労働者代表の確認のための書類

　労働組合等との労使協定書に署名または記名押印した労働組合等の代表が、その事業所における労働者の過半数を代表する者であることを確認するための次の書類。

　なお、事後提出の場合、様式特第9号「休業・教育訓練実績一覧表（新型コロナウイルス感染症関係）」に労使協定を締結した労働者代表の署名または記名・押印があれば省略することが可能です。

　(ア) 　労働組合がある場合

　　　　労働組合員数を確認できる「組合員名簿」などの書類

　(イ) 　労働組合がない場合

　　　　「労働者代表選任書」

3 　確認書類②（事業所の状況に関する書類）は

① 　事業所が中小企業に該当しているか否かの確認等のための書類

　常時雇用する労働者の人数を確認できる「労働者名簿」及び「役員名簿」などの書類

**労働組合（または、労働者の過半数代表者）と締結する
「休業協定書」に必要な記載事項**

　「休業協定書」には次の(1)〜(4)について記載されている必要があります。
(1) 　労働者の休業の実施予定時期・日数等
　　　休業を実施する予定の時期（始期及び終期）、及びその間の休業の別の日数等
(2) 　労働者の休業の時間数
　　　原則として、一日の所定労働時間（又はその時間に対応する始業時刻と終業時刻）。時間数が複数にわたる場合は別紙としてもよい。労働者1人当たりの時間数や、全労働者の延べ時間数の予定がある場合は付記する。
(3) 　休業の対象となる労働者の範囲及び人数
　　　休業の期間内においてその休業を実施する部門、工場等の別、及びそれぞれの部門等において休業の対象となる労働者の人数（確定していればその確定数、未確定であればその概数）
(4) 　休業手当の額又は教育訓練中の賃金の額の算定基準
　　　※ 　労働者の休業期間中の休業手当の額が、労働基準法第26条の規定（平均60％以上）に違反していないものであることが必要。

小売業（飲食店を含む）	資本金5,000万円以下又は従業員50人以下
サービス業	資本金5,000万円以下又は従業員100人以下
卸売業	資本金1億円以下又は従業員100人以下
その他の業種	資本金3億円以下又は従業員300人以下

中小企業と大企業

中小企業とは、次に該当する企業をいい、大企業とは中小企業に該当しないものをいいます。

 助成金の支給申請の期限等は

 助成金の申請期限は、各「支給対象期間」の末日の翌日から起算して2か月以内です。

　この助成金を受給しようとする事業主は、支給申請に必要な書類を整備・保管し、労働局等から追加の提出を求められた場合には、それに応じて速やかに提出する必要があります。

　なお、提出した書類は支給決定されたときから5年間保存しなければなりません。

助成金の支給申請に必要な書類は

> **A** 労働者の休業を行った場合の支給申請に必要な書類は、次表のとおりです。

書類の種類		提出時期
様式特第6号	支給要件確認申立書・役員等一覧	●（※）
様式特第7号 （新型コロナウイルス感染症関連）	（休業等）支給申請書	●
様式特第8号 （新型コロナウイルス感染症関連）	助成額算定書	●
様式特第9号	休業・教育訓練実績一覧表	●
確認書類①	労働・休日の実績に関する書類	●
確認書類②	休業手当・賃金の実績に関する書類	●

●　支給申請ごとに提出する書類
※　計画届に役員名簿を添付した場合は不要

1　確認書類①（労働・休日の実績に関する書類）は

① 労働日・休日及び休業の実績の確認のための書類

　a　各対象労働者の労働日・休日及び休業の実績が明確に区分され、日ごと又は時間ごとに確認できる「出勤簿」「タイムカード」などの書類

　b　シフト制、交替制又は変形労働時間制を実施している場合は、労働者ごとの具体的な労働日・休日がわかる「勤務カレンダー」「シフト表」などの書類

2　確認書類②（休業手当・賃金の実績に関する書類）は

①　休業手当・賃金及び労働時間の確認のための書類

　休業期間中の休業手当として支払われた賃金の実績が確認できる「賃金台帳」「給与明細書」などの書類（判定基礎期間を含め前4か月分（賃金や手当の支払い方法が労使協定に定める方法と相違ないと確認できる場合は1か月分））

　なお、休業日に支払われた休業手当と、通常の労働日（時間）に支払われた賃金・手当等とが明確に区分されて表示されていることが必要であるが、休業手当等の額と賃金の額が同額である場合は、休業手当等の額が区分されていなくてもかまいません。

3　上記1と2に共通の書類は

①　所定の労働日・労働時間・休日や賃金制度の確認のための書類

　a　事業所ごとに定められている、所定労働日・所定休日・所定労働時間等や、賃金締切日等の賃金制度の規定を確認できる「就業規則」「給与規定」「労働条件通知書」などの書類

　b　休業を実施する事業所であって、変形労働時間制、事業場みなし労働時間制又は裁量労働制をとっている場合は、aに加えて、そのことに関する労働組合等との協定書（企画業務型裁量労働制の場合は労使委員会の決議書）又はそれを労基署へ届け出た際の届出書の写し

助成金受給についてのその他の注意点は

A 不正受給と併給調整に注意してください。

1　不正受給の取扱いは

　不正受給（偽りその他の不正行為により、本来受けることのできない助成金の支給を受けたり、受けようとすることをいいます。）の防止を図るために、労働局においては、事業主名の公表等厳しい対応が行われます。

2　併給調整とは

　雇用調整助成金（休業）は、労働者の休業における判定基礎期間について、同一の賃金等の支出について、他の助成金を受給している場合は、支給対象となりません。

　この助成金とは別に、他の助成金を受けている場合や、他の助成金を受けようと考えている場合は、詳しくは最寄りの都道府県労働局またはハローワークに相談してください。

（注）本章は、厚生労働省の次のホームページにもとづき、これを一部修正したものです。

> # 雇用調整助成金
> # ガイドブック（簡易版）
> ### ～雇用維持に努力される事業主の方々へ～
> ## 緊急対応期間
> ## （令和2年4月1日～6月30日）

おわりに

1　今後の雇用調整助成金制度等の拡充について

　例えば、本書第6章で説明したコロナ不況に伴う雇用調整助成金制度の拡充について、日本政府から次のような話が出てきています（令和2年5月25時点）。

① 　現在、企業が従業員に休業（自宅待機）を命じ、労働基準法第24条に定める休業手当を支払った場合には、助成金が支払われます。

　　　この日額の上限は、現在、8,330円ですが、これを15,000円に引き上げる。

② 　従業員が会社から休業を命じられ無給になった場合、その従業員が直接、国（ハローワーク・労働局）に休業手当の給付を請求できる制度を設ける。

　　　上記は、賃金日額の80%、月額上限33万円とする。

③ 　新型コロナウイルス感染症への不安で仕事を休む妊産婦について、休業中の収入を補償する新たな仕組みを設ける。

④ 　政府は、上記①～③を盛り込んだ「令和2年度第2次補正予算案について、6月末日の成立をめざす。

2　就業規則の変更による労働条件の引き下げの方法について

　本書第2章では、主に、会社側が個々の従業員から、賃金その他の労働条件の引き下げについて同意書を得る方法について解説しました。

　ただし、第2章の図表1・2（37頁、38頁）に記載したとおり、会社側の判断で、給与規程その他の就業規則の関係規定を変更することにより、その事業所の全従業員の賃金その他の労働条件をいっせいに引き下げる方法もあります。

　この場合、就業規則の変更は、コロナ不況によりその事業所の事業

量が大幅に減少している期間に限定して行います。

　このように変更した場合、仮に、その後、労働条件を引き下げられた従業員から、「就業規則の変更は無効である」という民事訴訟を提起されても次の有効要件を備えておけば、会社側が敗れることはありません。

就業規則の変更により労働契約内容を不利益変更できる要件

①　会社側が、変更後の就業規則の関係規定を労働者に周知すること。

②　就業規則の変更内容が、次のすべての事情に照らして合理的であること。

　　イ　労働者の受ける不利益の程度

　　ロ　労働条件の変更の必要性

　　ハ　変更後の就業規則の内容の相当性

　　ニ　労働組合またはその事業場の従業員の過半数代表者との交渉の状況

　　ホ　その他の就業規則の変更についての事情

　本書の読者の皆様におかれましては、本書各章で解説した現行労働法令・制度の内容をふまえながら、上述1・2のことも考慮して対応していただければ幸いです。

〔参考・引用文献〕

① 「Q&A 退職・解雇・雇止めの実務」労働調査会

② 「これで解決！労働条件変更のススメ」同上

③ 「雇用多様化時代の労務管理」経営書院

④ 「労働法実務全書」中央経済社

⑤ 「図解ゼロからわかる労働基準法」ナツメ社

（①〜⑤は、いずれも拙著）

● 著者略歴

布施　直春（ふせ　なおはる）

2016年11月3日瑞宝小綬章受章

1944年生まれ。1965年、国家公務員上級職（行政甲）試験に独学で合格。

1966年労働本省（現在の厚生労働省）に採用。その後、勤務のかたわら新潟大学商業短期大学部、明治大学法学部（いずれも夜間部）を卒業。〔元〕長野・沖縄労働基準局長。〔前〕港湾貨物運送事業労働災害防止協会常務理事、清水建設㈱本社常勤顧問。関東学園大学・新潟大学大学院・社会福祉専門学校非常勤講師（労働法、公務員法、社会福祉ほか、通算15年間）〔現在〕羽田タートルサービス㈱本社審議役（顧問）、公益財団法人清心内海塾（せいしんうつみじゅく）（障害者・刑務所出所者等の就職支援事業）常務理事、社会福祉法人相思会（知的障害児入所施設）理事、労務コンサルタント、著述業　ほか。

労働法、社会保障法、障害者・外国人雇用、人事労務管理に関する著書152冊。主な著書に『改正女性活躍推進法等と各種ハラスメント対応』『労基法等、最新労働法の改正と実務対応』『無期転換申込権への対応実務と労務管理』『改訂版企業の労基署対応の実務』『企業の精神疾患社員への対応実務』『雇用多様化時代の労務管理』（以上経営書院）、『これで安心！障害者雇用の新しい進め方』『Q&A 退職・解雇・雇止めの実務—知っておきたいトラブル回避法—』『Q&A 改正派遣法と適法で効果的な業務委託・請負の進め方—従業員雇用・派遣社員をやめて委託・請負にしよう！』『モメナイ就業規則・労使協定はこう作れ！—改正高年法・労働契約法完全対応—』『その割増賃金必要ですか？—誰でもわかる労働時間管理のツボ』『障害者雇用の新しい進め方』（以上労働調査会）、『雇用延長制度のしくみと導入の実務』（日本実業出版社）、『平成27年改訂版　Q&A　労働者派遣法の実務』（セルバ出版）、『「職場のハラスメント」早わかり』『働き方改革関連法早わかり』『改訂新版　わかる！使える　労働基準法』（類書を含み累計20万部）（PHP ビジネス新書）（以上 PHP 研究所）、『労働法実務全書』（約900頁の労働法実務事典）『詳解　働き方改革法の実務対応』『改正入管法で大きく変わる外国人労働者の雇用と労務管理』（以上中央経済社）。

在宅勤務や賃金・雇用調整と助成金活用 Q&A

2020 年 7 月 26 日　第 1 版　第 1 刷発行　　　定価はカバーに表示してあります。

著　者　布施　直春

発行者　平　　盛之

発行所　㈱産労総合研究所
　　　　出版部　経営書院

〒100－0014
東京都千代田区永田町 1 —11— 1　三宅坂ビル
電話03(5860)9799　振替00180-0-11361

ISBN978-4-86326-296-6